先校本

國故論衡

章太炎 著

创于1897
商務印書館
The Commercial Press

圖書在版編目(CIP)數據

國故論衡 / 章太炎著. -- 北京: 商務印書館, 2015
ISBN 978-7-100-11351-9
Ⅰ. ①國… Ⅱ. ①章… Ⅲ. ①國學—研究—中國—近代
Ⅳ. ① Z126.275 ② B259.2

中國版本圖書館 CIP 數據核字(2015)第 124623 號

國故論衡
章太炎 著

商 務 印 書 館 出 版
(北京王府井大街 36 號 郵政編碼 100710)
商 務 印 書 館 發 行
山東鴻君傑文化發展有限公司印刷
ISBN 978-7-100-11351-9

2015 年 8 月第 1 版　　開本 890×1240 1/32
2015 年 8 月第 1 次印刷　印張 7.5

定價: 40.00 元

《國故論衡》「先校本」影印前言

周振鶴

《國故論衡》是章太炎的最重要的著作之一，這是他辛亥前在東京講國學的核心内容。這次講國學活動，涉及的範圍很廣，原計劃包括諸子學、文史學、制度學、内典學、宋明理學，以及中國歷史。講學過程中也印行過各種相關的講義，如錢玄同就買到過諸子講義，還説到「須出文學講義」的事，今尚存世的還有學生筆記的《文心雕龍》的講義，以及章氏自擬的佛學講稿。章氏的講課内容也曾以文章的形式在《國粹學報》上發表。到了一九一〇年，終於由他自己定稿，將講課内容的精粹寫成《國學論衡》一書在日本秀光舍印行。此書章氏本人十分重視，稱「此書之作，較陳蘭甫《東塾讀書記》過之十倍，必有知者，不煩自詡也」，因而《國故論衡》一書自然收入後來刊行的《章氏叢書》中。上個世紀末與本世紀以來，章太炎之《國學論衡》重又受到注目，至少有四部時賢或導讀或疏證或校訂的《國故論衡》相繼出版〔一〕，所據原版本各有參差，而皆語焉不詳。

由於《國故論衡》有多種印本與不止一種版本，爲了説明現在影印出版的這本《國故論衡》

先校本的意義，我們先不厭其煩，羅列一下各種印本與版本。由於現在的術語與過去有所不同，所以我們必須用現在的術語將印本與版本首先區分開來。過去印本與版本的區分不嚴格，原版重印一次亦稱再版，按照現在的習慣應該是第一版第二次印刷。綜合各家的研究來看，《國故論衡》嚴格説來衹出版過兩個版本，第一版即一九一〇年由日本秀光舍單獨印行的鉛字排印版本，第二版即收入綫裝《章氏叢書》中的版本〔二〕。第一版有多種印本，光是秀光舍就有兩種印本。這兩種印本基本上完全一樣，差别衹在版權頁上，初印（?）就是現在讀者手上這一本影印本，後印（?）即是湯志鈞《章太炎年譜長編》裏提到的「初版」，其中比初印多出「總發行所位址」一行字，又將印刷者寫作「秀光會舍」（按：「會」字疑衍，秀光舍從無此稱呼）。但此印本筆者未曾見到。

秀光舍的初版本一九一二年十二月由上海大共和日報館又再印一次（今上海圖書館與復旦大學入藏），稱「再版」。其實衹是秀光舍原版重印，一字未改，連印刷錯誤也一仍其舊。但若認真追究，則與初版也有一點不同，即書前增入黄侃所撰的《國故論衡贊》。若就此點差異而言，説再版似也勉强過得去。一九一三年同館又將再版重印一次，稱作第三版（未見，北京大學入藏）。到了一九一五年右文社編輯《章氏叢書》時，所收入的《國故論衡》本則與秀光舍初版在篇目上有所不同，同一篇則文字亦或有增删之異，此點張渭毅已有專文述及〔三〕，此處不贅。本文着重要説的是所謂「先校本」與「初校本」。

一九三六年九月，章太炎去世後出版的《制言》第二十五册登了一篇文字，題爲《章太炎先生著述目録初編》，其卷上「已刊之部」在《國故論衡》一條下有小字按語云：「謹按：《國故論衡》有先校本，庚戌年五月日本國學講習會刊行。先校本修正二十四則，先師自書眉云：『此初校本語亦有校定本所未載者，他日當集合刊之。』」這條按語一下子提到了《國故論衡》的三個版本：先校本、初校本與校定本。先説校定本，這應當指的就是《章氏叢書》裏所收的本子。至於先校本與初校本，因爲今天章太炎的研究者都没有看到，所以意見分歧很大。張渭毅將其總結爲兩種基本意見：

> 對於這個按語，「章學」權威學者有兩個不同説法。第一種説法認爲，太炎先生所云初校本是一九一〇年日本刊行《國故論衡》初版後的一個校本……第二種説法指出，《國故論衡》初版前就已經有先校本，即初校本，日本一九一〇年刊行的《國故論衡》初版本就是先校本……由於我們没有看到太炎先生加眉批的初校本，而且《章氏叢書》本《國故論衡》實際增訂的内容要多於二十四條，我們無從判斷這兩種説法孰是孰非。〔四〕

湊巧寒舍插架正有這一册「先校本」，可以説明上引的第一種説法大致是正確的，第二種説法則出於臆想。由實物所見可知，其實所謂「先校本」是與「初校本」一起書於秀光舍初版初印本上的。「先校本」三字寫於書名《國故論衡》正下方，大約意指此本即是「先校本」。而在書名的側面（嚴格説來并非上引《制言》按語所説的寫於「書眉」），則是那一句「此初校本語亦有校定本所未載者，他日當集合刊之」的按語。細玩此處此語，又讓人覺得先校本似就是初校本，兩者即爲一體。所以所謂「初校本」就是在日本秀光舍的初版本上校點而成，絶不宜説日本初版本就是先校本。這本書是前幾年搬家時突然間冒出來的，我自己也記不清楚是何時何處所購了。重現時情知此書有點來頭，但亦無時間細究，衹是將其置於最易取用之處而已。

此校本有朱墨兩色校點，朱主要是訂正印刷誤字，墨則對正文或原注進行改訂。據前引文稱改訂有二十四則，而細數之，改訂之處實有二十五處，但若以出現的頁碼計，則是二十四頁，其中有一頁有兩則修訂。另外有一處修訂僅十二字，處夾行之中，大約不計爲一則。所注之字一概蠅頭細書，有時朱墨交錯，密密麻麻，足見作者對自己著述立説要求之高。而且正文與注文皆有所修訂，補充之正文中復有加注處，以是細書中復有更細之書，真不知作者之目力何以如此之佳。還有另一個特點是，修訂之處多見於卷中與卷下，卷上僅有一則。是則關於小學部分，章先生定論最爲謹嚴。而在東京講國學時，也似是講小學部分最膾炙人口。

關於正文之增訂者在此舉三例説明。在《原經》「故曰春秋經世先王之志，聖人議而不辯」一句的「故曰」下增「詩，往志也。書，往誥也。春秋，往事也。愼子語。見《意林》引」一小節。而在《論式》一節之下，更有五六百字的增補，詳細分析「論辯」之爲事。《辯詩》一節中，在「其後鸚鵡焦鷯，時有方物」一句的「其後」後插入「馬融有圍棊、摴蒱諸賦，蔡邕賦筆，邊韶賦塞，邯鄲淳賦投壺，成公綏賦琵琶。并見《藝文類聚》引。乃及」一小段，亦是爲了豐富文本之叙述。以上所述三例并不見於校定本。

注文之修訂多是精益求精，略舉一小例説之。在《文學總略》「是故昭明之説，本無以自立者也」一句之下初版有注，其頭兩句云：「案晋書樂廣傳。請潘岳爲表。」先校本劃去這兩句，改爲：「世説文學篇。阮籍爲鄭仲勸進晋文王，時人以爲神筆。潘岳取樂廣之旨。爲作讓河南尹表。」很顯然，章太炎以爲《世説新語》的例子比《晋書》要合適些，所以改從前者。但在校定本，即《章氏叢書》本中，并没有改用此例，所以龐永疏證本同樣没有改，張渭毅本也没有改。又《原經》有一處注文字數太多，頁面之下方已不敷用，不得不轉到側面，又復從側面轉到下面，爲怕混淆起見，故朱墨混用。此注亦不見於校定本，然因文長，此處不具引。

先校本與初校本看來應是一回事。大約章氏校完初版本後先自己寫下先校本三字。其後，在校定本出版之後，又覺得先校本裏頭改定的内容校定本并没有完全吸收，所以又寫下「此初校本……云云」一句話。這樣就容易讓人以爲有先校本與初校本之別。但此話既寫在先校本上，又有「此」一字綴於「初校本」之上，即先校本與初校本恐怕同爲一物矣。

先校本存世去今已百年矣，但太炎先生想將其與校定本「集合成之」之舉迄未付諸實現，未免令人覺得遺憾。但現在看來，要將此校本與校定本集合成之，并不容易，有很大的技術上的困難。有些地方是章氏親自劃去，改爲其他文字，那就比較容易處理。有些地方是補充，而其義又與原有文字有重復者如何去取，則大成問題，除非起章氏於地下，否則難以蕆事。但説到底，從學術源流看，對於章太炎這樣一位咳唾成珠的大學問家，這個初校本完全有獨立存在的必要，可以與校定本比對參觀，而不必勉强削足適履根據此初校本再將校定本折騰一番。職是之故，遂將此本送商務印書館影印出版，以饗同好。鑒於所有章太炎研究專家及章迷們必定對章氏一絲不苟的治學態度抱有天然的敬意，所以此次影印原書之餘，特意將章氏親筆修訂之蠅頭細字以放大的方式放在附頁中，以便研究者利用，兼以就教於諸位章太炎研究專家。

〔一〕這些本子是：朱維錚的校本，先後收入《傳世藏書·經部》（海南國際新聞出版中心，一九九六年）以及《中國經學史叢書》（上海書店出版社，二〇一二年）；陳平原導讀本（上海古籍出版社，二〇〇三年）；龐俊、郭誠永疏證本（中華書局，二〇〇八年）；張渭毅校訂本（商務印書館，二〇一二年）。

〔二〕張渭毅在其《國故論衡》校本後記中説：「就版本而論，《國故論衡》有兩個版本，即初版本和《章氏叢書》本。」洵爲至言。

〔三〕〔四〕同上揭張渭毅文。

此初校本語亦有校定本所未載者他日當集合成之

國故論衡

先校本

國故論衡

國故論衡目錄

小學畧說

國故論衡上　章氏學

地官保氏教國子以六藝。曰禮樂射御書數。七略列書名之守于小學。律歷志曰。數者。一十百千萬也。其法在算術。宣于天下。小學是則。此則書數竝稱。而禮樂射御闕焉。葢六藝者。習之不一時。行之不一歲。射御非兒童所任。六樂之舞。十三始舞勺。成童舞象。二十而舞大夏。禮亦準是。獨書數不出刀筆口耳。（按古但有籌算。筆算乃始梵僧。然史趙以亥有二首六身計日。是已有筆算矣。要之書數。皆刀筆之事。書兼聲韻。亦在口耳。）長幼宜之。說文敍曰。保氏教國子。先以六書。明節次㝡初也。其與九數。容得竝習。故劉歆言小學。獨舉書數。若夫理財正辭。百官以治。萬民以察。莫大乎文字。自李斯蕭何以降。小學專任八體。久矣。世本言蒼頡作書。司馬遷班固韋誕宋忠傅玄皆云蒼頡爲黃帝史官。（說文敍亦同此說。）崔瑗曹植蔡邕索靖以爲古之王者。張揖言蒼頡爲帝王。生於禪通之紀。揖所說葢本愼到。愼到曰。蒼頡在庖犧前。（皆見書正義引。）其時代無以明焉。說文敍曰。蒼頡之初作書。葢依類象形。故謂之文。其後形聲相益。即謂之字。文者物象之本。字者言孳乳而浸多也。鄭康成注禮曰。古曰名。今

徐岳數術記遺曰了知算首，惟隶五腹背兩數，甄鸞注曰了算之法，一位為一了，字其了有三曲，此筆算之可驗者。然按梵文一字形正作[illegible]，與小篆了字近。圓是徐岳所記正本梵僧，岳漢末人，其記中有剎那大千等語，則知其嘗受梵書也。

曰字。尋討舊籍。書契稱字。慮非始于李斯。何者。人生幼而有名。冠爲之字。名字者。一言之殊號。名不可二。孳乳浸多謂之字。足明周世有其稱矣。六書之次。說文敘曰。一曰指事。指事者。視而可識。察而見意。上下是也。二曰象形。象形者。畫成其物。隨體詰詘。日月是也。三曰形聲。形事者。以事爲名。取譬相成。江河是也。四曰會意。會意者。比類合誼。以見指撝。武信是也。五曰轉注。轉注者。建類一首。同意相受。考老是也。六曰假借。假借者。本無其字。依聲託事。令長是也。世稱異域之文。諧聲中國之文象形。此徒明其大校。非復刻定之論。徵尋外紀。專任象形者。有西南天教之國。會意一例。域外所無。至于計數之文。始一終九。自印度羅甸亞羅比耶。皆爲指事轉注假借。爲文字繁省之例。語言變異之端。雖域外不得闕也。假借非謂同音通用。見轉注假借說。　六書所以始指事者。固由夷夏所同。引以居首。若其常行之字。中土不可一用幷音。亦誠有以。蓋自軒轅以來。經略萬里。其音不得不有楚夏。幷音之用。祇局一方。若令地望相越。音讀雖明。語則難曉。今以六書爲貫。字各歸部。雖北極漁陽。南暨儋耳。吐言難諭。而按字可知。此其所以便也。海西諸國。土本陿小。尋響相投。媮用并音。宜無壅礙。至于印度。地大物博。略與諸夏等。夷言語分為七十餘種。而文字猶守并音之律。出疆數武。則筆札不通。梵文廢閣。未踰千祀。隨俗學人。多莫能曉。所以古史荒昧。都邑殊風。此則并音宜于小國。非大邦便俗之器明矣。漢字自古籀以下。改易殊體。六籍雖遙。文猶可讀。古字或以音通借。隨世相沿。今之聲韵。漸多譌變。由是董理小學。以韵學為候人。譬猶旌旆辨色。鉦鐃習聲。耳目之治。未有不相資者焉。言形體者始說文。言故訓者始爾雅。言音韻者始聲類。三者偏廢。則小學失官。自聲類而下者。卷軸散亡。今所難理。後出之書。獨有廣韻。則其粲然者矣。廣韻者。今韻之宗。其以推迹古音。猶從部次。上考經典釋文。及一切經音義。舊音絕響。多在其中。顧炎武為唐韻正。始分十部。江永古韻標準。分十三部。段玉裁六書音均表。分十七部。孔廣森詩聲類。分十八部。王念孫分二十一部。大氏前修未密。後出轉精。發明對轉。孔氏為勝。若其悛次五音。本之反語。孫炎韋昭。財有魄兆。舊云雙聲。唐韻云紐。晚世謂之字母。三十六母。雖依擬梵書。要以中夏爲準。顧氏稽古有餘。審音或滯。江氏復過信字母。奉若科律。段孔以降。舍隱不言。獨錢大昕差次古今。以舌上輕脣二音。古所無有。然後宮商有準。八風從律。斯則定韻莫察乎孔。審紐莫辯乎錢。雖有損益。百世可知也。段氏爲說文注。與桂馥王筠竝列。量其殊勝。固非二家所逮。何者。凡治小學。非專辨章形體。要于推尋故言。得其經脈。不明音韻。不知一字數義所由生。此段氏獨以爲桀。旁有王氏廣雅疏證。郝氏爾雅義疏。咸與段書相次。郝于聲變。猶多億必之言。段于雅訓。又不逮郝。文理密察。王氏爲優。然不推說文本字。是其瑕適。若乃規摹金石。平秩符璽。此自一家之業。漢之鴻都。鳥篆盈簡。曾非小學之事守也。專治許書。竄句增字。中聲雅詁。略無旁通。若王筠所爲者。又非夫達神恉者也。葢小學者。國故之本。王教之端。上以推校先典。下以宜民便俗。豈專引筆畫篆。繳繞文字而已。苟失其原。巧僞斯甚。昔二徐初治許書。方在草創。曾未百歲。而荆舒字說橫作。自是小學破壞。言無典常。明末有衡陽王夫之。分文析字。略視荆舒爲愈。晚有湘潭王闓運。亦言指事會意。不關字形。

此三王者。異世同術。後雖愈前。乃其刻削文字。不求聲音。譬瘖聾者之視書。其揆一也。或言書契因于八卦。水爲坎象。巛則坤圖。若爾。八卦小成。乾則三畫。何故三畫不爲天字。又言始一終亥。是即歸藏。循是以推。韻書始于一東。何知非帝出乎震。爲太一下行九宮之法乎。爾雅始于初字。初者裁衣之始。復可云取諸乾坤。垂衣裳而天下治邪。或言文字之始。肇起結繩。一繩縈爲數形。一畫衍爲數字。此又矯誣眩世。持論不根。即如是者。始造一字。繼則有二。二必繼一。宜在諸文之前。何故重案成文。不以一畫紆詘。且蒼頡造文。本象鳥獸蹏迒之迹。馬蹏而外。寧有指爪不分。獨爲一注者哉。若斯之徒。妄穿崖穴。務欲勝前。不悟音訓相依。妙入無閒。先達之所未祛。當推明者尙衆。何爲亢越皃蹊。自絕大道。斯所謂攻難之士。求名而不得者也。大凡惑并音者。多謂形體可廢。廢則言語道窒。而越鄉如異國矣。滯形體者。又以聲音可遺。遺則形爲糟魄。而書契與口語益離矣。余以寡昧。屬茲衰亂。悼古義之淪喪。愍民言之未理。故作文始以明語原。次小學答問以見本字。述新方言以一萌俗。簡要之義。著在茲編。舊有論纂。亦或入錄。若夫陰陽對轉。區其弇侈。半齒彈舌。歸之舌頭。明一字之有重音。辨轉注之繫造字。比于故老。蓋有討論修飾之功矣。如謂不然。請俟來哲。

韻目表

陽聲	陰聲
寒	歌、泰
諄	隊、脂
眞	至
青	支
陽	魚
東	侯
侵、冬（緝）	幽
蒸	之
談（盍）	宵

右韻目。上列陽聲。下列陰聲。爲對轉。其數部同居者。同一對轉。

紐目表

喉音	牙音	舌音	齒音	脣音
見	曉	端（知）	照（精）	幫（非）
谿	匣	透（徹）	穿（清）	滂（敷）
羣	影（喻）	定（澄）	牀（從）	竝（奉）
疑		泥（娘日）	審（心）	明（微）
		來	禪（邪）	

右紐目。其旁注者古音所無。

成均圖

國故論衡上

章氏學

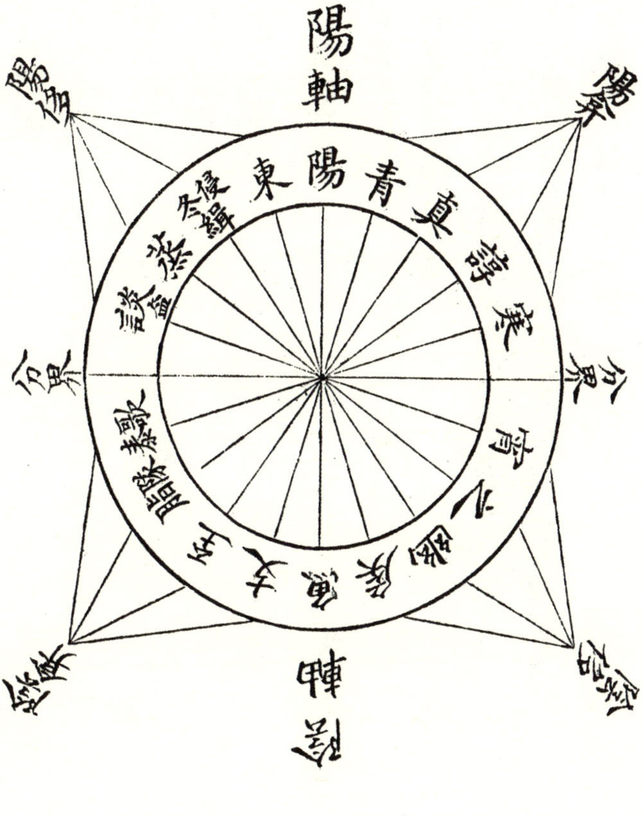

國上　成均圖

陰弇與陰弇爲同列。
陽弇與陽弇爲同列。
陰侈與陰侈爲同列。
陽侈與陽侈爲同列。
凡同列相比爲近旁轉。
凡同列相遠爲次旁轉。
凡陰陽相對爲正對轉。
凡自旁轉而成對轉爲次對轉。
凡陰聲陽聲雖非對轉。而以比鄰相出入者。爲交紐轉。
凡隔軸聲者不得轉。然有閒以軸聲隔五相轉者。爲隔越轉。
凡近旁轉次旁轉正對轉次對轉爲正聲。
凡交紐轉隔越轉爲變聲。

孔氏詩聲類列上下兩行。爲陽聲陰聲。其陽聲即收鼻音。陰聲非收鼻音也。然鼻音有三孔道。其一侈音。印度以西皆以半摩字收之。今爲談蒸侵冬東諸部。名曰撮脣鼻音。其一弇音。印度以西皆以半那字收之。今爲靑眞諄寒諸部。名曰上舌鼻音。其一軸音。印度以央字收之。不待撮脣上舌。張口氣悟。其息自從鼻出。名曰獨發鼻音。夫撮脣者使聲上揚。上舌者使聲下咽。既已乖異。且二者非故鼻音也。以會厭之氣。被閉距于脣舌。宛轉趨鼻以求渫宣。如河決然。獨發鼻音則異是。印度音摩那皆在體文。而央獨在聲勢。亦其義也。談蒸侵冬東諸部。少不審則如陽然。其言之自別。釋名云。風。沇豫司冀橫口合脣言之。風。氾也。靑徐踧口開脣推氣言之。風。放也。放在陽爲開脣。風氾在侵談爲合脣。區以別矣。焉可憮也。夫陽聲弇者。陰聲亦弇。陽聲侈者。陰聲亦侈。陽聲軸者。陰聲亦軸。是故陰陽各有弇侈而分爲四。又有中軸而分爲六矣。不悟是者。鼻音九部。悉似同呼。不能得其腮理。今江河之域。撮脣鼻音收之亦以半那字。惟交廣以半摩字收之。此於聲音大劑。能條理始終矣。然魚者閉口之極。陽者開口之極。故陽部與陽侈聲陽弇聲皆旁轉。陽部轉東者。如老子以盲爽狂與豐爲韵。及泱滃音轉。伀鍾作章。是也。轉侵冬者。如漢書李廣傳。諸妄校尉。張晏釋妄爲凡。說文訓訪爲汎謀。釋名訓風爲放。易朋盍臧或爲盍簪。或爲盍宗。又商轉爲宋。周頌以崇皇爲韻。是也。轉蒸者。如揚觚作滕觚。未嘗即未曾。又彊通作强。是也。轉談者。如大雅以瞻相爲韻。商頌以濫皇爲韻。及鏡轉作鑑。是也。此與陽侈聲之轉也。轉青者。如禮經竝亦作併。又將借爲請。丁鼎借爲當。是也。轉眞者。如萌甿氓即民。榜又稱篇。今字扁亦爲榜。又楄部訓方木。是也。轉諄者。如易傳以炳君爲韻。爾雅英光亦作巘擽。又芳轉爲芬。防轉爲墳。是也。轉寒者。如磺人作卝人。舜妃女英。帝繫篇作女匽。說文袢讀若普。是也。此與陽弇聲之轉也。

魚部與陰侈聲陰弇聲皆旁轉。魚部轉侯者。如武借爲柎。傅借爲坿是也。轉幽者。如甫聲字爲牖。大雅以怓韻休逑憂。是也。轉之者。如民雖靡膴作民雖靡腜。又憮㦟同訓。謨謀同訓。是也。轉宵者。如犧牲不略作犧牲不勞。古文以臭爲澤。又漢書暴室。亦作薄室。詩之暴虎。即爲搏虎。是也。此與陰侈聲之轉也。轉支者。如迹籀文作速。狄字今從亦聲。闓圛爲豈弟。曰圛爲曰涕。是也。轉至者。如方言云。迹迹。屑屑。不安也。二語相轉。翻。𪏰。黏也。二語相轉。說文渠蝌。釋蟲作蛣蜣。又拮据爲連語。釋詁劼又訓固。廣雅石訓爲擿。賈子亦云提石。而擿字自詩箋己作擲也。轉脂者。如說文揟讀若細。揟本言謂。故字或作聟。假謂爲之。而今讀若細。又史記匈奴列傳。黃金胥紕。漢書作犀比。戰國策言師比。是也。轉隊者。如說文菸訓鬱。伹訓拙。又鼓造爲屈造。魏略書徐庶白堊塗面作白堊突面。是也。轉泰者。如于越同訓。又釋名稱草圓屋曰蒲。即草舍之废字。是也。轉歌者。如牿字小篆作駕。削瓜曰華之。借爲撝之。又何亦作胡。蔞讀如詐是也。此與陰弇聲之轉也。

餘勢未已。陽與陽弇聲旁轉。極于寒矣。又從寒以對轉。而得泰。如對揚亦作對越。戚揚借爲戚戉。是也。

陽與陽侈聲旁轉。極于談矣。又從談以對轉。而得宵。如駫駫牡馬。亦作驍驍牡馬。又枉轉爲夭。量轉爲料。是也。

魚與陰弇聲旁轉。極于歌矣。又從歌以對轉。而得寒。如籑或作膶。無作曼。烏作安。拔扈作畔援。魁梧作魁岸。是也。魚與陰侈聲旁轉。極于宵矣。又從宵以對轉而得談。如古文匽作㫰。從丏聲。草木之華爲丂。音轉爲匽爲䓼。又敎從古聲。稽讀若芟。是也。夫惟當軸處中。故兼攝弇侈之聲。與之交捷。其弇侈者爲軸所隔。則交捷之塗絕矣。孔氏所表。以審對轉則優。以審旁轉則㲋辰陽鱗次。脂魚櫛比。由不知有軸音。故使經界華離。首尾橫決。其失一也。緝盍二部。雖與侵談有別。然交廣人呼之。同是撮脣。不得以入聲相格。孔氏以緝盍爲陰聲。其失二也。對轉之理。有二陰聲同對一陽聲者。有三陽聲同對一陰聲者。復有假道旁轉以得對轉者。此所謂次對轉。若東亦與幽對轉。是假道于冬侵也。至亦與青對轉。是假道于支也。支脂亦與寒對轉。是假道于歌泰也。之亦與冬侵緝對轉。是假道于幽也。非若人之處室。妃匹相當而已。孔氏所表。欲以十八部相對。伉㪟不踦。有若魚貫。眞諄二部。勢不得不合爲一。拘守一理。遂令部曲掍殽。其失三也。今爲圜則正之。命曰成均圖。成均圖者。大司樂掌成均之法。鄭司農以均爲調。古之言韵曰均。如陶均之圓也。

東冬旁轉。如窮字本在冬部。然詩言不宜空我師。傳以空爲窮。又窮乏空乏。其義大同。亦語之轉也。中字本在冬部。而鐘子期亦作中旗。洚字本在冬部。而洚水亦即洪水。是也。東與侵旁轉。如含之與容。冢之稱琴。是也。凡聲之字。風芃鳳翬。今皆讀入東部。

冬侵二部同居而旁轉。故農字音轉則爲男。戎字音轉則爲荏。釋草。戎菽謂之荏菽　臨衝作隆衝。隆慮作林慮。緝侵本可爲平入。以三百篇用韻有分。故今亦分爲二。若夫及聲爲今。甚聲爲斟。厭厭或爲愔愔。拾瀋即是拾汁。其相通轉。亦寂親也。

冬蒸旁轉。如營本在冬部。或作芎。則讀入蒸部。布八十縷爲升。本在蒸部。轉爲緵稯宗。則讀入東冬二部。是也。

侵蒸旁轉。如鳳本作朋。在蒸部。小篆從凡聲。則入侵部。癕從瘖省聲。膺應又從癕聲。音本在侵部。癕膺應乃入蒸部。馮几字本作凭凭在侵部。今以蒸部之馮爲之。是也。

蒸談旁轉。如堋字亦轉作窆。是也。談亦與東旁轉。次旁轉。故窆又書作封。矣熊從炎聲。本在談部。張升反論以絲化爲熊。韻積灰生蠅。則讀入蒸部。談盍二部。其分亦如侵緝。乃如占耴二聲。常相轉變。故拈掫同訓。鉆鈋同訓。其相通轉。亦寂親也。

東蒸亦有旁轉。如送從傱得聲。而詩以韵控丰巷。囪聲之字。乃有曾層增贈。是也。東談亦有旁轉。若坎侯即空侯。史記書張孟談。趙談作張孟同。趙同是也。冬談亦有旁轉。如函谷作降谷。鄭康成尚書注讒鼎作崇鼎。是也。侵談亦有旁轉。如圅與含。巖與嵒。音義多相通。是也。此皆次旁轉也。以上陽侈聲旁轉

青眞旁轉。如令訓爲善。本借爲靈。又顚之與項。咽之與嗌。音義相轉。亦其例也。眞諄旁轉如身㑗皆在眞部。轉諄乃爲娠。尹君同聲。本在諄部。而記言孚尹。則借爲浮筍。是又轉入眞部也。

諄寒旁轉。如堇聲在諄部。難漢等字從之。則入寒部。貫聲在寒部。琨之或字從貫作瑻。則入諄部。薀積或作宛積。薦席又爲荐席。皆其例也。

青寒亦有旁轉。如煢煢亦作嬛嬛。自營亦作自環。是也。煢本作赹。則寒青皆與眞相轉矣。眞寒亦有旁轉。如辨本在眞部。采本在寒部。采訓辨別。則聲義通矣。弁急之字。說文作𢡄。亦寒眞之轉也。青諄亦有旁轉。如詩巧笑倩兮。美目盼兮。倩在青部。

盼在諄部而以爲韻。子夏引詩。倩盼又與絢韻。則青諄眞三部相轉也。此皆次旁轉也。以上陽弇聲旁轉

侯幽旁轉。如句從丩聲。臞朐二字義同聲轉。蜀國漢人書作叜。尗字漢以來皆書作豆。是也。

幽之旁轉。如求聲之字皆在幽部。而詩中裘字與梅貍試爲韵。則入之部。臼聲之字本在幽部。而鵃舊之字。自古以爲新舊之字。則借舊爲久。讀入之部。毒聲之字本在之部。故爾雅釋訓以毒韻德忒食。然詩已以毒韻鞫覆育迪。爲幽部入聲。是也。

之宵旁轉。如毛詩儦儦俟俟。韓詩作駓駓騃騃。犛從𠩺聲。當在之部。而唐韻作莫交切。漢時亦以髦牛旄牛爲稱。是讀犛入宵部也。氂字從毛。周禮樂師音義云。氂舊音毛。是從毛聲。在宵部也。而左氏傳晏氂。國語作晏萊。唐韻亦音里之切。是讀氂入之部也。此皆二部相轉。故其音彼此相涉也。今語言之則曰的。是由之轉宵也。言已則曰了。亦由之轉宵也。

侯宵亦有旁轉。如乘驕作乘駒。車橾讀蜂藪。說文𠬪訓上下相付。則𠬪付一語之轉。

毛詩傳訓摽爲拊心。今人書符契之字作票。皆是也。矦之亦有旁轉。如音聲在矦部。故易以蔀斗主爲韻。而陪倍諸字多讀入之部。又小雅鄂不。箋以爲鄂柎。大雅禦侮。與附後奏爲韻。是也。幽宵亦有旁轉。如箾韶亦作簫韶。皋陶亦爲咎繇。魯詩素衣朱綃。毛詩作素衣朱繡。是也。此皆次旁轉也。以上陰侈聲旁轉

支至旁轉。如弟聲之字。當在之支部。而豒讀如秩。寔實二字。春秋時已通用。漢世趙魏閒亦同聲呼之。八𠔁今作佾。之字。漢書春秋繁露皆作溢。老洫之字。亦或作溢。是也。

至脂旁轉。如日聲之䵒。左氏傳用爲昵字。密本訓山如堂者。周密之密則借爲比。故說文云。比密也。是也。

脂隊二部同居而旁轉。舊不別出。今尋隊與術物諸韻。與脂微齊皆自有巨細。其相轉者。如豙從豕聲。歸肙通用。詩皆以歸韻脂部之字。是也。

脂歌旁轉。如玼亦作瑳。訾咨亦借爲嗟。彼交匪敖。亦作匪交。江南棭木。或作桼木。是也。

隊泰旁轉。如兀在隊部。月在泰部。而跀亦爲䟾。抈亦同扤。出在隊部。叕在泰部。而屈鈯拙諸字。與叕竅綴諸字。同有短義。是本一語之別。此其例也。

泰歌二部同居而旁轉。如曷即是何。害即是訶。說文。荷。語相訶歫也。揭即是何。儋何之何。濊滅即摩莎。苦蔞即果蓏。是也。

支脂亦有旁轉。如樂只君子。作樂旨君子。積之秩秩作積之秩秩。此從乜聲。本在脂部。而是斯二字同借爲此。則轉入支部。示聲之字。三百篇多入脂部。而周禮以示爲祇。左氏傳提彌明。公羊傳作祁。史記作示。則示亦出入支脂二部也。支泰亦有旁轉。如知哲二文互訓通用。荀子朽木不折。大戴禮作朽木不知。是也。支歌亦有旁轉。如芰或作茤。輗或作軝。是也。至泰亦有旁轉。說文迭迻二字。或說以爲互借中聲之字。晉本如徹。在至支二部。徹或從鬲聲。而皆乃在泰部。是也。此皆次旁轉也。以上陰弇聲旁轉

東侯對轉。如冢從豖聲。容從谷聲。誦轉爲讀。洞借爲竇。童山即禿山。肯子即鼓子。是也。

冬幽對轉。如忠轉爲周。忠信爲周 蟲轉爲冘。蟲冘本異訓。而從冘之字。義與從虫者同。猺變爲嶩。夒變爲戎。獶

䑥同訓。窮究同訓。是也。
侵幽對轉。如禫服作導服。味道作味覃。侵從帚而音亦與帚相轉。寑訓宿而音亦與宿相轉。冘豫即猶豫。集弱即柔弱。是也。
緝幽對轉。如小雅事用不集。即事用不就。豳風九月叔苴。即九月拾苴。匊合爲一語。匊市爲同訓。皆一語之轉也。今㬎聲之字亦多讀入幽部入聲矣。
蒸之對轉。如載乘同訓。止懲同訓。台朕同訓。戴增同訓。皆一語之轉也。倗讀如陪。徵讀如止。縉亦作緈。(從宰省聲。)冰亦作凝。(從疑聲。)亦其例也。
談宵對轉。如說文訬讀若毚。爵弁之爵。字本作纔。瀺灂同訓。(說文無瀺。以灂該之。)嚵噍同訓。皆一語之轉也。
(盍)談宵對轉。如砭轉爲剽。(說文。剽。砭刺也。)睫轉爲斛。捷(說文訓獵。)轉爲鈔。(說文訓叉取。)獵轉爲獠。擸(說文訓理持。)轉爲撩。(說文訓理。)是也。
東幽亦有對轉。如董借爲督。縱訓爲縮。冡之音義得于冃。用之音義同于由。繇變爲幢。𩄍讀如蒙。是也。緝之亦有對轉。急亟相借。翌翼相借。是也。侵冬與之亦有對轉。喑噁作意。烏得失作中失。是也。東之亦有對轉。公羊傳宰上之木拱矣。以宰爲冢。（宰字方言作埰。說文無）說文艐讀若莘。是也。（茸亦從耳聲。其字在東在冬未定。）此皆次對轉也。（以上侈聲對轉）

青支對轉。如𢓊訓使。轉而爲俾。跬訓半步。轉而爲頃。耿從烓聲。鞞讀如餅。是也。

眞至對轉。如臻至同訓。親窺與至亦同訓。皆一語之轉也。妃嬪之與妃匹。振訊（爾雅毛詩傳皆有振訊之語。）之與振𦘒。（說文。𦘒。振𦘒也。）亦一語之轉也。

諄與脂隊對轉。如三晨之晨本作示。（說文示下云三垂日月星也。）其祁孔有讀爲麎。春之與推。（說文。春。推也。）臀之與脽。鈍之與椎。（漢人稱鈍爲椎。）敦之與𠂤。（敦丘即𠂤丘。）皆一語之轉也。

寒與泰歌對轉。如憲得聲于害。璿得聲于睿。巘得聲于獻。兌得聲于奈。是寒泰之轉也。祼讀如灌。閱讀如縣。獻尊即犧尊。桓表即和表。是寒歌之轉也。

青至亦有對轉。如䖙戴大猶。今作秩秩。平秩東作。又爲辨程。是也。眞支亦有對轉。如詩言麟之定。傳訓爲顚。本亦作題。說文𥈅讀若瑱。是也。眞脂亦有對轉。如玼古文作蟦。說文⿰言臣讀若指。是也。寒支亦有對轉。如䚕或作觝。耑訓物初生之題。是也。寒與脂隊亦有對轉。如燬轉爲烜。款從祟聲。旛胡爲肥胡。焉使作夷使。沙羨音沙夷。是也。此皆次對轉也。（以上弇聲對轉）

陽魚對轉。如亡無同訓。荒蕪同訓。旁溥同訓。䨾雩同訓。往于同訓。昉（說文但作方放。）甫同訓。故撫同訓。奘駔同訓。皆一語之轉也。（以上軸聲對轉）

交紐轉者云何。答曰。寒宵雖隔以空界。亦有旁轉。如大雅以虐謔灌蹻耄謔熇藥爲韻。說文訓芼曰艸覆蔓。廣雅訓蹻曰健。及夫榦之與稾。⿰𠦝毛之與豪。翰之爲高。乾之爲稾。（周禮作薧。）豫之與兆。象之與逃。讙之與囂。灌之與澆。⿺鬼雚之與號。柬選之與撟捎。偃蹇之與夭撟。（二者皆見廣雅釋訓。）其訓詁聲音皆相轉也。談盇歌泰雖隔以空界。亦有旁轉。如冄聲之字爲那。勇敢謂之勇果。盈科借爲盈坎。坎律銓也。坎又借爲科。是歌談之轉也。盇借爲曷。蓋又從盇。枼從世聲。世又借葉。是盇泰之轉也。此以近在肘腋。而漫陰聲陽聲之界。是故謂之變聲也。

問曰。凡陽聲之收半摩半那者。從陰聲而加之鼻音。侯幽之宵。寧不可加以半那。歌泰脂隊至支。寧不可加以半摩耶。荅曰。有焉。然其勢不能上遂。而復下隤。故陰聲有隔越相轉之條。宵欲對青。支欲對談。不及則適與其陰聲支青隔越相轉。故螵蛸爲蠡蛸。左膘爲左髀。戎狄爲戎翟。自古以然。今敫聲勺聲樂聲翟聲之字。迆入錫韵者。由此也。之欲對眞。至欲對蒸。不及則適與其陰聲至之隔越相轉。故古文閾爲⿵門昷。肊亦爲臆。宓羲爲伏羲。不曙爲不䎽。由此也。因之與至轉。故其左右之幽宵皆附之以轉。如小雅神之弔矣。民之質矣。弔質爲韻。發彼有的。毛傳訓的爲質。到之音本轉于至。而弔借爲到。亦借爲至。是宵至之轉也。韓詩以蓁薪爲栗薪。禮經軒輖之字。詩作軒輊。是幽至之轉也。幽欲對諄。脂隊欲對冬侵緝。不及則適與其陰聲脂隊幽隔越相轉。故彤弓爲弤弓。琱瑑爲追琢。遲任爲周任。𠷎昔爲誰昔。由此也。侯欲轉寒。泰欲轉東。不及則適與其陰聲泰侯隔越相轉。故朱儒爲棳儒。籠蝥爲蝃蝥。乘橃爲乘泭。誦說爲誦數。由此也。因侯與泰轉。故其比鄰之幽亦附之以轉。投壺若是者浮。浮借爲罰。亦或作匏作符。是幽侯皆與泰轉也。因侯與泰轉。故其同列之宵。亦附之以轉。說文少從丿聲。又雀聲之字爲截。方言云。懱截。言懱截也。與尐正相近。說文云。⿱髟截。束髮少也。段氏改爲尐小。其實小少尐古本同語耳。因泰與侯轉。故其比鄰之隊亦附之以轉。如絀絑同訓。柮株同訓。拙鈯與朱愚銖鈍同訓。皆一語之轉也。若夫銖訓鈍者。字本作錭。而周周爲短羽。乃九九之借。緯書言冠短周。

周亦几字之借。與屈爲短尾义相轉也。毛詩傳訓屈爲收。則以收拘同从丩聲。本一語之轉。故屈又爲收矣。句萌或作區萌。與詘又相轉也。然其陽聲亦往往效之。支宵隔五而轉。靑談亦隔五而轉。故公羊經敬嬴作頃熊。說文者讀若耿介之耿。由此也。至之隔五而轉。眞蒸亦隔五而轉。故菱或作蓤。矜亦讀兢。勝屠之音轉爲申屠。四丘爲甸。甸可讀乘。由此也。脂幽隔五而轉。諄侵亦隔五而轉。彡聲之字爲參。殿屎借爲唸吚。是也。因諄與侵轉。故其比鄰之眞亦附之以轉。本艸欅皮作秦皮。是也。眞又與冬轉。大雅以天韵躳。是也。因侵與諄轉。故其比鄰之東亦附之以轉。大雅以東韻慇辰瘠。淮南史記漢書皆以蠭門爲逢蒙。是也。泰侯隔五而轉。寒東亦隔五而轉。故百官爲百工。衮從公聲。曈從童聲。鏦或從彖聲作鎓。是也。其幸而合會者。宵靑有轉。則三蒼訓熛爲迸火。說文訓絶爲縹色。莊子洴澼絖即漂絖。淮南生蘋即生萍。地形訓。容華生蕙。蕙生蘋藻。廣雅釋草。蘋。萍也。之眞有轉。則說文讀[illegible]爲迅。訓嬪爲服。與婦同訓。釋草以櫬采薪即新爲同名。是也。幽諄有轉。則𥁕聲之字爲媼。𦎫聲之字爲氄。大雅彤弓乃爲敦弓。司几筵每敦一几。敦讀曰燾。是也。侯寒有轉。則說文短從豆聲。耎聲需聲之字往往相變。敂關爲款關。款款爲叩叩。是也。支談有轉。則产有危魚毁切。檐兩讀。釋宮垝謂之坫。亦由是轉。是也。至蒸有轉。則釋詁訓淩爲凓。荀子言陵謹言節族欲陵。竝即恂栗嚴栗之栗。本作㮚。是也。隊緝有轉。則古文以入爲內。以立爲位。是也。泰東有轉。則以閱爲容。詩我躳不閱。傳曰。閱。容也。以達爲通。達本行不相遇。無通義。以蓬爲坺。蓬顆勃壤皆借爲坺。是也。此皆奇悟錯出不別弇侈不入旁轉對轉之條。而亦成條貫有分理。蓋餘分閏位聲音之閒氣也。不爲常率。又非可泯絕其文。故謂之變聲爾。音之正者。呼侯幽之宵諸韵。聲固近撮脣。呼歌泰脂隊至支諸韵。聲固近上舌矣。循是而施鼻音。既有常典。故範圍不可過。摩那二音曷能更互以施焉。

一字重音說　國故論衡上　章氏學

中夏文字率一字一音。亦有一字二音者。此軼出常軌者也。何以證之。曰。高誘注淮南主術訓曰、鴇鷂、讀曰私鈚頭。二字三音也。按私鈚合音爲鴇。諄脂對轉也。頭爲鷂字旁轉音。既有其例。然不能徵其義。今以說文證之。凡一物以二字爲名者。或則雙聲。或則疊韵。若徒以聲音比況。即不必別爲製字。然古有但製一字不製一字者。踸踔而行。可怪也。若謂說文遺漏。則以二字爲物名者。說文皆連屬書之。亦不至沓忘若此也。然則遠溯造字之初。必以一文而兼二音。故不必別作彼字。如說文虫部有悉蟹。蟹本字也。悉則借音字。何以不兼造蟋。則知蟹字兼有悉蟹二音也。如說文人部有焦僥。僥本字也。焦則借音字。何以不兼造僬。則知僥字兼有焦僥二音也。如說文廌部有解廌。廌本字也。解則借音字。何以不兼造獬。則知廌字兼有解廌二音也。廌字兼有解廌二音。更有確證。左傳宣十七年。庶有廌乎。杜解。廌。解也。借廌爲解。即廌有解音之證。　艸部有牂蘱。蘱本字也。牂則借音字。何以不兼造薢。則知蘱字兼有牂蘱二音也。其他以一字成二音者。此例尙衆。如黽勉之勉本字也。黽則借音字。則知勉字兼有黽勉二音也。詰詘之詘。本字也。詰則借音字。則知詘字兼有詰詘二音也。蔥箸之蔥。本字也。箸則借音字。則知蔥字兼有蔥箸二音也。唐逮之逮。本字也。唐則借音字。則知逮字兼有唐逮二音也。此類實多。不可殫盡。大抵古文以一字兼二音。既非常例。故後人旁駙本字。增注借音。久則遂以二字并書。亦猶越稱於越。邾稱邾婁。在彼以一字讀二音。自魯史書之。則自增注於字。婁字於其上下也。

古今損音益說

國故論衡上　章氏學

近世平議古音之士。惟四說爲奇恆。顧炎武曰。古無麻部。段玉裁曰。古無去聲。王念孫曰。古音盍部緝部有入聲。無平上去。至部月部。有去入。無平上。錢大昕曰。古音字紐。有端透定。無知徹澄。有幫滂竝明。無非敷奉微。其言至淖微閎約矣。非閉門思之十年。弗能憭也。麻部之聲。西北自隴右出。漢末中原亦然。釋名曰。車。古者曰車聲如居。言行所以居人也。今曰車。車。舍也。行者所處若舍也。又曰。庫。舍也。物所在之舍也。故齊魯謂庫曰舍也。（今俗字有庫。即庫字讀如舍也。）此爲青徐已有麻部。江南尤衆。則音雅雅如白項烏。中國以外。匈奴西域印度諸國。慮無不有麻部者。聲氣湊徼。發如機括。雖古之中原何以外是。其無麻部者。諸聲張口噓之。惟麻部爲極侈。記言口容止。父母有疾。笑不至斷。此則平居笑有至斷。語則常止。不大開也。若作麻部音者。輔車動搖。猗牙若虎。墮其容矣。故約制其音。使有歌戈魚模而無麻部。非本自然。容經之所制也。吳越故與上國殊俗。其民誕慢。故江南多麻音。詩稱不吳不揚。何承天讀吳爲胡化反。

古之名國。多本其音。其音㝡張口。故謂之吳。其音次張口。故謂之揚州。越即揚也。如對越即對揚。陽唐之音。故中原舊音矣。然其聲悉斂近內。今山西人呼陽唐音。皆穹口近脣肴豪。悟氣如欠以呼陽唐者。於古獨有揚州。是故吳揚非正音也。平上去入四聲者。近起齊梁。以爲詩律。古者不以四聲制詩。非遽無四聲也。四聲既備。獨無去聲。怪其不近情矣。平上者。定氣呼之。去聲者。引氣呼之。今作去聲。必先遒促其氣。劫之令吐。平上異。是故去聲爲引音。余觀印度十二聲勢。榱音阿可反。此徑直音也。阿音阿箇反。此引音也。醫音伊以反。此徑直音也。縊音伊異反。此引音也。塢音烏古反。此徑直音也。汙音塢固反。此引音也。見慧琳一切經音義第二十五。音紐相同。而聲勢異。其引音者皆去聲。中國上世無引音。發聲易直。故曰放鄭聲。昔吾有先正。其言明且淸也。無引音者。即不得有去聲矣。入聲皆與平上相麗。盍緝至月。獨無平上。是有枝葉。無本根。此可怪也。徵之近世北方之音。入聲有平上者。皆轉爲平上去。盍緝與月。北方皆作入聲。此古音也。王君以爲他部四聲相屬。獨此爲異。余以他部古無入聲。入聲於古皆爲平上。獨盇緝至月爲入聲。古者入聲與平上不相麗。各爲部曲。故盇緝至月不通於諸韻矣。漢音異他國者。獨知徹澄三紐。細不至照穿牀。大不及端透定。羅句字紐。傳于歐羅巴諸國。不足以切漢音者。惟漢音有知徹澄。故印度舊音有縿姹茶三紐。斯則知徹澄也。今就問梵土諸學者。縿姹茶音。猶作多侘陀。（多侘陀入麻部。本亦有多侘陀三紐。然與此輕重有別。）故悉談亦不足切漢音。露西亞聲有上咢。與知徹澄又小異。斯齊州之土風。所以殊衆。今無知徹澄。則與域外相通耶。諸紐不發聲則不見。獨知徹澄非敷奉微。蹙口呼之聲不暴出而清亮如鳴蜩蟪蛄。此爲吟嘯。非語言也。語異于嘯。故無上咢輕脣之音矣。

古音娘日二紐歸泥說

國故論衡上　　章氏學

古音有舌頭泥紐。其後支別。則舌上有娘紐。半舌半齒有日紐。于古皆泥紐也。何以明之。涅從日聲。廣雅釋詁。涅。泥也。涅而不緇。亦爲泥而不滓。是日泥音同也。昵從日聲。說文引傳不義不䵒。考工記弓人杜子春注引傳不義不昵。是日昵音同也。昵今音尼質切。爲娘紐字。古尼昵皆音泥見下。傳曰。姬姓日也。異姓月也。二姓何緣比況日月。說文衵字從日。亦從內聲作衲。是古音日與內近。月字古文作外。韻紐悉同。則古月外同字。日月所以比內外者。天文志曰。日有中道。月有九行。中道者。黃道。一曰光道。九行者。黑道二。出黃道北。赤道二。出黃道南。白道二。出黃道西。青道二。出黃道東。是爲日道在內。月行在外。姬姓內也。異姓外也。音義同。則以日月況之。太史公說武安貴在日月之際。亦以日月見外戚也。日與泥內同音。故知其在泥紐也。入之聲今在日紐。古文以入爲內。釋名曰。入。內也。內使還也。是則入聲同內。在泥紐也。任之聲今在日紐。白虎通德論釋名皆云。男。任也。又曰。南之爲言任也。淮南天文訓曰。南呂者。任包大也。是古音任同男南。本在泥紐也。然而如若爾耳此六名者。今皆在日紐。然之或體有𧆸。從艸難聲。劇秦美新。

難除仲尼之篇籍。五行志巢難墮地。皆從難聲。明然古音如難。在泥紐也。而之聲類有耐。易屯曰。宜建侯而不寧。淮南原道訓曰。行柔而剛。用弱而強。鄭康成高誘皆讀而爲能。是古音而同耐能。在泥紐也。如從女聲。古音與奴挐同。音轉如柰。公羊定八年傳。如丈夫何。解詁曰。如猶柰也。又轉如能。大雅柔遠能邇。箋曰。能猶伽也。柰能與如皆雙聲。是如在泥紐也。若之聲類有諾。稱若稱乃。亦雙聲相轉。是若本在泥紐也。釋名曰。爾。昵也。泥。邇也。書言典祀無豐于昵。以昵爲禰。釋獸長脊而泥。以泥爲䰍。是古爾聲字皆如泥。在泥紐也。漢書惠帝紀曰。內外公孫耳孫。師古以耳孫爲仍孫。仍今在日紐。本從乃聲。則音如乃。是耳仍皆在泥紐也。耎弱儒柔此四名者。今皆在日紐。耎聲之稬。音奴亂切。耎聲之煗。音乃管切。耎聲之媆。音奴困切。是耎本在泥紐也。弱聲之嫋。音奴鳥切。弱聲之𦢊。音奴歷切。弱聲之溺。或以爲尿。音奴弔切。管子水地。夫水淖弱以清。莊子逍遙游。淖約若處子。李頤曰。淖約。柔弱貌。明古音弱與淖同。故得以淖爲弱。或爲聯語。是弱在泥紐也。儒之聲類。羺獳䨲䨬。廣韻竝音奴鉤切。此則儒本音羺。在泥紐也。廣雅釋詁。柔訓爲弱。說文鞣錰皆訓爲耎。柔與弱耎本雙聲而義相似。故柔亦在泥紐也。明此則恁爲下齎。荏染爲柔木。其音並在泥紐。可例推也。人仁之聲。今在日紐。人聲之年。爲奴顛切。仁聲之佞。爲乃定切。此則人仁本音如佞。在泥紐也。冄之聲今在日紐。那從冄聲。則冄那以雙聲相轉。在泥紐也。攘之聲今在日紐。槍攘古爲槍囊。是攘本音爲囊。毀亦爲囊。在泥紐也。舉此數事。今日紐者。古音皆在泥紐。其他以條列比況可也。今音泥跜爲泥紐。尼昵在娘紐。仲尼三蒼作仲跜。夏堪碑曰。仲泥何侘。足明尼聲之字古音皆如跜泥。有泥紐。無娘紐也。今音男女在娘紐。爾女在日紐。古音女本如帑。妻帑鳥帑。其字則一。天文志顏師古說帑。雌也。是則帑即女矣。爾女之音。展轉爲乃。有泥紐。無娘紐也。狃之聲今在娘紐。公山不狃。狃亦爲擾。往來頻復爲狃。說文作𢓜。擾𢓜今在日紐。古無日紐。則狃亦在泥紐也。其他亦各以條列比況可也。問曰。聲音者。本乎水土。中乎同律。發乎脣西節族自然。今曰古無娘日。將迫之使不言耶。其故闕也。荅曰。凡語言者。所以爲別。日紐之音進而呼之則近來。退而呼之則近禪。娘紐之音。下氣呼之則近影。作氣呼之則近疑。古音高朗而徹。不相疑似。故無日娘二紐矣。今閩廣人。亦不能作日紐也。

古雙聲說　國故論衡上　章氏學

古音紐有舌頭。無舌上。有重脣。無輕脣。則錢大昕所證明。娘日二紐。古並歸泥。則炳麟所證明。正齒舌頭。慮有鴻細。古音不若是繁碎。大較不別。齊莊中正。爲齒音雙聲。今音中在舌上。古音中在舌頭。疑于類隔。齒舌有時旁轉。錢君亦疏通之矣。此則今有九音。于古則六。曰喉牙舌齒脣半舌也。同一音者。雖旁紐則爲雙聲。是故金欽禽唫。一今聲具四喉音。汙吁芋華。一于聲具四牙音。漢魏南北朝。反語不皆音和。以是爲齊。及夫喉牙二音。互有蛻化。募原相屬。先民或弗能宣究。證以聲類。公聲爲翁爲㝐。工聲爲紅。叚聲爲瑕。古聲爲胡。久聲爲羑。圭聲爲鼃。夾聲爲挾。甲聲爲狎。見聲爲莧。气聲爲餼。幵聲爲形。厶聲爲弘。雚聲爲歡。干聲爲汗。咼聲爲禍。區聲爲歐。谷聲爲浴。角聲爲斛。句聲爲昫。羔聲爲窯。丂聲爲號。高聲爲蒿。光聲爲黃。斤聲爲欣。君聲爲着。說文讀若威。軍聲爲運。匃聲爲曷。今聲爲含。毄聲爲繫。彑讀若罽聲爲彝。咎聲爲欲。於糾切元聲爲完。午聲爲許。我聲爲義。此喉音爲牙也。𦣞聲爲姬。異聲爲冀。羊聲爲羌爲姜。

灰聲爲恢。或聲爲國。危聲爲詭。奚聲爲谿爲雞。益聲爲蠲。肙（烏玄切）聲爲涓。與聲爲舉。虍聲爲豦爲虧。戶聲爲顧。「由聲爲軸」。爻聲爲教。恆聲爲緪。熒聲爲禜。㫃聲爲倝（古案切）。于聲爲夸。皀聲爲卿。㞷聲爲匡。玄聲爲牽。衍聲爲愆。咸聲爲感。臽聲爲衉（苦紺切）。合聲爲袷。此牙音爲喉也。是故梐枑爲梐柜。曲紅爲曲江。冶容爲蠱容。肉倍好爲肉倍孔。芐下爲大苦。何以恤我爲假以溢我。有蒲與荷爲有蒲與茄。詞有揚搉。訓有誒髁（莊子天下篇釋文。誒有胡啓苦迷五米三反。髁有戶寡勘禍二反。其音出入喉牙而皆爲雙聲。）鳥有雝渠。樂有空侯。形有句股。弦。水有江河淮沇。山有吳華恆衡。皆雙聲也。囮圝同文。油膏通借。若是者遽數之不能終其物。昔守溫沈括晁公武輩喉牙二音。故已互易。韓道昭乃直云深喉淺喉。斯則喉牙不有異也。百音之極。必返喉牙。喑者雖不能語。猶有喉牙八紐。語或兜離了戾舌上及齒。必內入喉牙而不悟憭。今交廣音則然。北方輕脣或時入牙。故喉牙者生人之元音。凡字從其聲類。橫則同均。縱則同音。其大齊不踰是。然音或有絕異。世不能通。撢鉤元始。喉牙足以衍百音。百音亦終剸復喉牙。攸聲有條。由聲有笛。睪聲有鐸。亍聲有蹶亦聲有狄。也聲有地。㠯聲有台有能。弋聲有代有弍。舀聲有稻有韜。向聲有當。㑷聲有騰。毐聲有毒。余聲有荼。俞聲有媮。庚聲有唐。㕣聲有兌。炎聲有談。鹹聲有覃。易聲有湯。甬聲有通。貴聲有穨。堇聲有難。𡣍（籀文婚）聲有𡢃。（乃回切。）堯聲有嬈。九聲有禸。（篆文作蹂。音人久切。古泥紐。今日紐。）予聲有芧。此喉牙發舒爲舌音也。天音如顯。（釋名。）地訓爲易。（春秋元命苞。）弟讀爲圛。（詩箋）田讀若引。（田本作𤰃。）卣（讀若調。）聲爲逌。（讀若攸。）多聲爲宧爲移。𠂤聲爲歸。壬（他鼎切。）聲爲巠。彖聲爲緣。眔聲爲鰥爲褱。兌聲爲閱。殳（古音如投）聲爲股爲羖。内聲爲裔爲巂。竹聲爲䈞。蟲聲爲融。姚銚（大弔切）同聲。㶕（以冄切）恬同聲。此舌音逎斂爲喉牙也。魯讀若寫。午聲有卸。卸復有御。魚聲有穌。戶聲有所。羊聲有詳。昜聲有傷。乙聲有失。失復有佚。肖聲有屑。血聲有恤。亘聲有宣。月聲有圓。（似沇切）弋聲有式。樂聲有鑠。音聲有戠。殸聲有聲。公聲有松。谷聲有俗。勻聲有旬。牙聲有邪。彥聲有產。也聲有施。屰聲有朔。契聲有偰。埶聲有褻。告聲有造。庫讀如舍。（釋名。）車讀如尺奢反。此喉牙發舒爲齒音也。出聲爲屈。叀聲爲袁爲睘。彗（祥歲切）聲爲慧。歲聲爲薉。世聲爲勩。戌聲爲威。隹聲爲唯。自聲爲洎爲臮爲臬。支聲爲芰爲跂。旨聲爲詣爲稽爲耆。只聲爲伿。（以豉切。）氏聲爲祇。矢聲爲疑。咠聲爲揖。丞聲爲巹。僉聲爲劍爲險。川聲爲訓。井聲爲荆。收聲爲荍。舟聲爲貈。以疋爲雅。以所爲許。以聲爲馨。此齒音遒斂爲喉牙也。亯亦爲亯。（今作烹。）爲聲有皮。囧（讀若獷）聲有朙菡。蒿聲有薹。允聲有玧。（璊之或字。）㔾（乎感切）聲有氾。黑聲有默。昏聲有捪有睧。开聲有拼。久聲有畝。交聲有駮。此喉牙發舒爲脣音也。丙聲爲㪅。釆聲爲卷。芇（母官切。）聲爲蕑。冒聲爲勖。勿聲爲忽。母聲爲悔。网聲爲罔。亡聲爲巟。品聲爲嵒。分聲爲釁。釁復音門。文聲爲虔。末聲爲沬。（即頮字。）敳聲爲豈。豹約同聲。父巨音訓。此脣音遒斂爲喉牙也。各聲有路。京聲有涼。咎聲有綹。（讀若柳。）柬聲有闌。果聲有裸。兼聲有廉。監聲有濫。樂聲有爍。聿聲有律。丣聲有桺。𨛜聲有量。魚聲有魯。可聲有砢。（來可切。）詩以鞗革爲鋚勒。考工記故書以兩樂爲兩欒。此喉牙發舒爲半舌也。嬴聲爲贏。里聲爲悝。（苦回切。）爲𧼮。（讀若孩。）翏聲爲膠。鬲（郎擊切。）聲爲隔。呂聲爲莒。令聲爲矜。耒聲爲頛。（讀若韶。）劒斂同聲。蛾羅一名。總角丱兮。地官丱人。丱讀如貫。有略其耜。略讀如䂮。（䂮即[illegible]文）

字。古文春秋以即立爲即位。此半舌適斂爲喉牙也。略舉數事。足以明喉牙貫穿諸音。精氣爲物。游魂爲變。往者屈也。來者伸也。屈伸相感以成形聲。諷誦典籍病蹇吃者。由是得調達也。

語言緣起說

國故論衡上　章氏學

語言者、不馮虛起。呼馬而馬。呼牛而牛。此必非恣意妄稱也。諸言語皆有根。先徵之有形之物。則可覩矣。何以言雀。謂其音即足也。何以言鵲。謂其音錯錯也。何以言雅。謂其音亞亞也。何以言雁。謂其音岸岸也。何以言駕鵞。謂其音加我也。何以言鶻鵃。謂其音磔格鉤輈也。此皆以音爲表者也。何以言馬。馬者武也。（古音馬武同在魚部。）何以言牛。牛者事也。（古音牛事同在之部。）何以言羊。羊者祥也。何以言狗。狗者叩也。何以言人。人者。仁也。何以言鬼。鬼者歸也。何以言神。神者引出萬物者也。何以言祇。祇者提出萬物者也。此皆以德爲表者也。要之以音爲表。惟鳥爲衆。以德爲表者。則萬物大抵皆是。乃至天之言顚。地之言底。山之言宣。水之言準。（水在脂部。準在諄部。同類對轉。）火之言毁。（古音火毁同在脂部。）土之言吐。金之言禁。風之言氾。有形者大抵皆爾。以印度勝論之說儀之。實德業三。各不相離。人云馬云。是其實也。仁云武云。是其德也。金云火云。是其實也。禁云毁云。是其業也。一實之名。必與其德若與其業相麗。故物名必有由起。雖然。太古草昧之世。其言語惟以表實。而德業之名爲後起。青黃赤白堅耎香臭甘苦之名。則當在實先。但其字皆非獨體。此不可解。故牛馬名冣先。事武之語。乃由牛馬孶乳以生。世稍文。則德業之語早成。而後施名於實。故先有引語。始稱引出萬物者曰神。先有提語。始稱提出萬物者曰祇。此則假借之例也。

物之得名。大都由于觸受。觸受之噩異者。動盪視聽。眩惑熒魄。則必與之特異之名。其無所噩異者。不與特名。以發聲之語命之。夫牛馬犬羊。皆與人異。故其命名也。亦各有所取義。及至寓屬。形體知識。多與人同。是故以侯稱猴。侯者。發聲詞也。如云侯不邁哉侯其禕而。以爰稱蝯。爰者。發聲詞也。蝯之變而爲爲。元寒歌戈相轉。若猨讀如撝矣。以且稱狙。且者。發聲詞也。以隹稱蜼。隹者。發聲詞也。發聲之維。古彝器皆作隹。以胡稱䶂。說文斬䶂類蝯蜼之屬。陸璣毛詩草木疏云。蝯之白腰者爲獑猢。今猶有猢孫之語。胡者。發聲詞也。以渠稱豦。渠者。發聲詞也。如何渠亦作何遽。俗字有詎。亦即遽字。蓋形體相似。耦俱無猜。目無異視。耳無異聽。心無異感。則不能與之特異之名。故以發聲命之則止。其在人類亦然。異種殊族。爲之特立異名。如北方稱狄。東北稱貉。南方稱蠻稱閩。其名皆特異。被以犬及虫豸之形。謂其出於獸類。尙考蠻閩二字。本由髳轉。長言爲馬流。唐以前史籍皆作馬流。今作馬來。短言爲髳。牧誓言庸蜀羌髳微盧彭濮。小雅言如蠻如髦。傳曰髳。夷髦也。髳云髦云。卽馬流合音耳。今人呼西南夷爲苗。其實當作髦。書之三苗。舊說皆謂三族之不才子。乃苗裔字。非有異種名三苗也。稍變則曰蠻。又稍變則曰閩。非必是虫類也。以其異族。故被之以惡名。狄貉二名準是。抑諸夏種族自西來。史記稱高陽生於若水。高辛生於江水。皆蜀西地也。隴西之姜戎者。又四岳苗裔也。故於西方各種。亦不爲特立異名。或稱曰羌。羌者發聲詞也。或稱曰戎。戎者又人之聲轉也。顏師古匡謬正俗言今之戎獸。字當作猱。戎猱一音之轉。猴類得名。亦由人之轉音。此可互證。

東方諸國。不與中國抗衡。故美之曰仁人。號之曰夷種。夷本人字。聲轉得名。夷古音當讀人脂切。人夷雙聲。其韻爲脂眞旁對轉。而夷復爲發聲之語。如云夷使則介之。夷考其行。斯又可展轉互證矣。東胡與貉一物也。胡亦發聲之詞。而以名貉種者。胡名初起宜卽九夷之輩。漸以其名施之貉族。亦猶漢世以胡稱匈奴。隋唐人以胡稱西域耳。反古復始。謂胡者宜屬九夷。非貉族之號也。由是言之。施於獸類者。形性絕異。則與之特異之名。形性相似。則與之發聲之名。施於人類者。種類絕異。則與之特異之名。種類相似。則與之發聲之名。以此見言語之分由觸受順違而起也。

人自稱與㝡親昵之相稱。亦以發聲之詞言之。如古人稱先生曰兄。今稱先生曰哥。兄爲發聲詞。兄即況字。如詩倉兄填兮。職兄斯引。漢石經尙書無逸篇則兄自敬德。皆發聲詞也。哥亦發聲詞也。哥從可聲。可从𠀀聲。𠀀即今之阿字發聲詞也。至親無文。則稱之曰爾曰乃曰若。此皆發聲詞也。自稱曰朁。老子。朁亦發聲詞也。說文朁。曾也。引詩朁不畏明。古人自稱曰朕。朕即朁字。正當作朁。朕乃假借耳。朁古音或如岑。故變爲朕。與台爲舌音雙聲。之蒸對轉。自稱曰我。我轉爲義。爲儀。爲羲。亦皆發聲詞也。書稱義爾邦君。越爾多士尹氏御事。詩。我儀圖之。義儀皆發聲詞也。說文云。羲。气也。凡言烏呼者。亦作於戲。戲當作羲。猶伏羲亦作伏戲也。於戲之爲發聲。人所共曉。自稱曰言。釋詁。言。我也。言亦發聲詞也。如詩言告師氏言念君子之屬。自稱曰阿陽。見釋詁注。我父曰阿父。我兄曰阿兄。阿即𠀀字。亦發聲詞也。說文。丂。气欲舒出。上礙于一也。𠀀。反丂也。讀若呵。近世言阿者。其字皆當作𠀀。此皆無所噩異。故未嘗特制一稱。益明語言之分由觸受順違而起也。

語言之初。當先緣天官。然則表德之名最夙矣。然文字可見者。上世先有表實之名。

以次桃充。而表德表業之名因之。後世先有表德表業之名。以次桃充。而表實之名因之。是故同一聲類。其義往往相似。如阮元說。從古聲者有枯槀苦窳沽薄諸義。此已發其端矣。今復博徵諸說。如立爲字以爲根。爲者母猴也。猴喜模效人舉止。故引伸爲作爲。其字則變作僞。凡作爲者異自然。故引伸爲詐僞。凡詐僞者異眞實。故引伸爲譌誤。其字則變作譌。爲之對轉爲蝯。僞之對轉復爲諼矣。如立禺字以爲根。禺亦母猴也。猴喜模效人舉止。故引伸之凡模擬者稱禺。史記封禪書云。木禺龍欒車一駟。木禺車馬一駟。是也。其後木禺之字。又變爲偶。說文云。偶桐人也。偶非眞物。而物形寄焉。故引伸爲寄義。其字則變作寓。凡寄寓者非能常在。顧適然逢會耳、故引伸爲逢義。其字則變作遇。凡相遇者必有對待。故引伸爲對待義。其字則變作耦矣。如立乍字以爲根。乍者。止亡詞也。倉卒遇之。則謂之乍。故引伸僞冣始之義。字變爲作。毛詩魯頌傳曰。作始也。書言萬邦作乂。萊夷作牧。作皆始也。凡冣始者必有創造、故引伸爲造作之義。凡造作者異於自然。故引伸爲僞義。其字則變爲詐。又自冣始之義。引伸爲今日之稱往日。其字則變作昨。如立𢆉字以爲根。𢆉者。撴也。撴者。刺也。其字從干。干从倒入。入一爲干。犯也。入二爲𢆉。言稍甚也。其音如飪。𢆉訓爲刺。又言稍甚。其實今之甚字。由𢆉而變。說文云。甚。尤安樂也。從甘匹。匹。耦也。男女之欲。安樂尤甚。亦有直刺之義。後人改作。凡殊尤之義。則專作甚字。凡直刺之義。則變爲揕字。俗作砍 史記刺客傳曰。左手把其袖。右手揕其匈。是也。由刺之義。引伸爲勝。字變作戡。西伯戡黎是也。亦借用堪。墨子非攻篇云。往攻之。予必使女大堪之。是也。由勝之義。引伸復爲勝任。由勝任義。引伸復爲支載。於是字變作堪。說文云。堪。地突也。今言堪輿是也。然由甚字有尤安樂義。其字或借作湛。毛詩小雅傳曰。湛。樂之久也。其後有專樂飲酒之義。則又變爲酖字。樂極無厭。還以自害。故曰宴安酖毒。于是鳥可以毒人者。亦得是名。字則變爲鴆矣。𢆉之聲本同任。太宰以九職任萬民。注曰。任猶倳也。倳即倳刃之倳。與𢆉同訓刺。耕稼發土者命之爲男。舊皆以任訓男。即𢆉之字變也。侵冬自轉。男之字又變爲農矣。如立辡字以爲根。辡者。辠人相與訟也。方免切。引伸則爲治訟者。字變作辯。治訟務能言。引伸則爲辯論辯析。由辯析義。引伸則爲以刀判物。於是字變作辨。由刀判義。引伸則有文理可以分析者亦得是名。其字則變作辨。由刀判義。引伸則瓜實可分者亦得是名。其字則變作瓣矣。如上所說。爲字禺字乍字羊字辡字。一字遞衍。變爲數名。廣說此類。其義無邊。今姑舉五事明之。說文句部有拘鉤。臤部有緊堅。已發斯例。此其塗則在轉注假借之閒。轉注者。建類一首。同意相受。今所言類。則與戴段諸君小異。彼則與形。此則與聲。考老聲類皆在幽部。故曰建類。若夫同意相受。兩字之訓。不異毫氂。今以數字之意成于遞衍。固與轉注少殊矣。又亦近于假借。何者。㝡初聲首。未有遞衍之文。則以聲首兼該餘義。自今日言。既有遞衍者。還觀古人之用聲首。則謂之本無其字。依聲託事。故曰在轉注假借閒也。

轉注假借說

國故論衡上　　章氏學

說文敍曰。轉注者。建類一首。同意相受。考老是也。前後異說。皆瑣細無足錄。休寧戴君以爲考老也。考老也。更互相注。得轉注名。段氏承之。以一切故訓皆稱轉注。許瀚以爲同部互訓。然後稱轉注。由段氏所說推之。轉注不繫于造字。不應在六書。由許瀚所說推之。轉注乃豫爲說文設。保氏敎國子時。豈縣知千載後有五百四十部書邪。且夫故訓既明。足以心知其意。虛張類例。亦爲繁碎矣。余以轉注假借。悉爲造字之則。汎稱同訓者。後人亦得名轉注。非六書之轉注也。同聲通用者。後人雖通號假借。非六書之假借也。蓋字者。孳乳而寖多。字之未造。語言先之矣。以文字代語言。各循其聲。方語有殊。名義一也。其音或雙聲相轉。疊韵相迆。則爲更制一字。此所謂轉注也。孳乳日繁。即又爲之節制。故有意相引申。音相切合者。義雖少變。則不爲更制一字。此所謂假借也。何謂建類一首。類謂聲類。鄭君周禮序曰。就其原文字之聲類。夏官序官注曰。薙讀如鬀小兒頭之鬀。書或爲夷。字從類耳。古者類律同聲。樂記律小大之稱。樂書作類小大之稱。律歷志曰。既類旅於律呂。又經歷於日辰。又集韻六術。類。似也。音律。此亦古音相傳。蓋類律聲義皆相近也。以聲韻爲類。猶言律矣。首者。今所謂語基。管子曰。凡將起五音凡首。地員篇。莊子曰。乃中經首之會。養生主篇。此聲音之基也。春秋傳曰。季孫召外史掌惡臣而問盟首焉。杜解曰。盟首載書之章首。史記田儋列傳曰。蒯通論戰國之權變爲八十一首。此篇章之基也。首猶言題。方言曰。人之初生謂之首。初生者對孳乳浸多。此形體之基也。考老同在幽部。其義相互容受。其音小變。按形體成枝別。審語言同本株。雖制殊文。其實公族也。非直考老。言壽者亦同。詩魯頌傳。壽。考也。考老壽皆在幽部。循是以推。有雙聲者。有同音者。其條例不異。適舉考老疊韻之字。以示一端。得包彼二者矣。凡同部之字。聲近義同。許君則聯舉其文。所以示轉注之微旨也。如芓。麻母也。萁。芓也。古音同在之部。䔰。葍也。葍。䔰也。同得畐聲。古音同在之部。䔰葍二文。釋草已轉相訓。藒車芞輿亦同。然實是一字。古多以同字爲訓者。如說文云。舄。䧿也。是其例。蓨。苗也。苗。蓨也。古音同在幽部。藒。芞輿也。芞。芞輿也。古音同在泰部。蕭。艾蒿也。萩。蕭也。古音同在幽部。走。趨也。趨。走也。古音同在侯部。逆。迎也。迎。逢也。古音陽魚對轉。遺。亡也。遂。亡也。遺遂同聲。如旞或作饑是其例古音出入脂泰二部遲徐行也邌徐也古音同在脂部遲明或作黎明是其聲通遷近也邇近也古音至脂相轉誡敕也誋誡也古音同在之部譸詶也詶譸也古音同在幽部幺小也幼少也古音同在幽部𢆶微也幽隱也古音同在幽部刑剄也剄刑也古音同在清部箠擊馬也筞箠也古音同在歌部標木杪末也杪木標末也古音同在脊部桯牀前凡桱桱桯也同得壬聲古音同在脊部鄠右扶風縣名扈夏后同姓所封在鄠古音同在魚部晄明也曠明也同得光聲古音同在陽部晏天清也暬星無雲也古音同在元部晧日出貌暤晧旰也古音宵幽旁轉唐韻竝胡老切窅冥也窔窅窔深也古音同在脊部瘍頭創也痒瘍也古音同在陽部顯無髮也領禿也古音脂諄對轉焜火也燬火也古音同在脂部焯明也照明也古音同在脊部竫亭安也靖立竫也古音同在清部唐韻皆疾郢切洪洚水也洚水不遵道古音同在東部唐韻皆戶工切永長也羕水長也古音同在陽部霖雨三日以往爲霖霢霖雨也古音同在侵部霽雨止也霋霽謂之霋古音同在脂部鯀魚也鰥魚也古音同在元部經典釋文禹父之字

亦書作鮿。耴。耳垂也。聑。小垂耳也。古音無舌上。耴輒縶皆讀如蟄。耴聑同在盇部。㨨。引也。擢。引也。古音幽宵旁轉。同在舌頭。探。遠取之也。撢。探也。古音同在侵部。搰。掘也。掘。搰也。古音同在術部。妴。婉也。婉。順也。古音同在元部。蠚。螫也。螫。蟲行毒也。古音同在鐸部。䫻。疾風也。颹。大風也。𩗗。大風也。古音同在隊部。垚。土高也。堯。高也。古音同在宵部。午。啎也。啎。屰也。古音同在魚部。若斯類者。同韻而紐或異。則一語離析爲二也。即紐韻皆同者。于古則爲一字。然自秦漢以降。字體乖分。音讀或小與古異。凡將訓纂。相承別爲二文。故雖同義同音。不竟說爲同字。此皆轉注之可見者也。許君緜聯比敘。令學者心知其意。其他部居不同若文不相次者。如士與事。了與尥。丰與菶。火與焜燬。𢆉與戡。蚰與䟴。倞與勍。辛與愆。恫與痛俑。敬與憼。忌與惎諅。欺與諆。𢝊與悠。斿與游。夋竣與蹲。顨與巽與巺僎。姝與㚼。敝與幣。此類尤衆。在古一文而已。其後聲音小變。或有長言短言。判爲異字。而類義未殊。亦皆轉注之例也。若夫畐葡同在之部。用庸同在東部。畫挂同在支部。龔恭同在東部。恥恧同在之部。可哿同在歌部。豩朵同在歌部。咼㾨同在歌部。䜌斂同在元部。讋懾慴同在緝部。毃搉同在宵部。本皋同在宵部。夰敖同在宵部。奡傲同在宵部。昭照同在宵部。劀刮同在月部。㕯訥同在月部。乖際同在月部。譸詶䛆同在幽部。迋往同在陽部。惶恇同在陽部。妹媦同在隊部。焌煥同在元部。萑鸛同在元部。午啎屰同在魚部。㐁舌同在月部。㐁讀若誓。潅茯濊同在宵部。涿注同在侯部。姁嫗同在侯部。勞勦同在宵部。戮鎦同在幽部。瀏漻同在幽部。晏安同在元部。鬄髢同在支部。裶禰同在脂部。启闓開同在脂部。斝豭同在魚部。既嘰泰脂旁轉。匏瓢幽宵旁轉。此于古語皆爲一名。以音有小變。乃造殊字。此亦所謂轉注者也。其以雙聲相轉。一名一義而孳乳爲二字者。尤彰灼易知。如屏與藩。并與匕。旁與溥。亡與𣞤。象與豫。牆與序。謀與謨。勉與懋慔。敄與緢緬。楙茂與𣞤。故與撫。迎逆與訝。攷與敂。笭與籠。龍與龐。空與窠。丘與虛。泱與滃。凷與貴。遝與逮。但與裼。古音如裼。鴈與鵝。揣與娧。口與圓圜。回與囩。弱與柔集尻。芮與茸。冃與冡。究竆與窮。誦與讀。媼與嫗。雕與鷻。依與爯。爨與炊。此其訓詁皆同。而聲紐相轉。本爲一語之變。益粲然可覩矣。若是者謂之轉注。類謂聲類。不謂五百四十部也。首謂聲首。不謂凡某之屬皆從某也。戴段諸君說轉注爲互訓。大義炳然。顧不明轉注一科。爲文字孳乳之要例。乃汎謂初哉首基肇祖元胎俶落權輿訓始竝爲轉注。夫聲韻紐位不同。則非建類也。語言根柢各異。則非一首也。（十二字中。惟胎與始爲轉注。自餘則非。）雖說文竆窒蓋苫之屬展轉相解。同意相受則然矣。而非建類一首。猶不得與之轉注之名。二君立例過濫。于造字之則既無與。元和朱駿聲病之。乃以引伸之義爲轉注。則六書之經界慢。引伸之義。正許君所謂假借。轉注者。繁而不殺。恣文字之孳乳者也。假借者。志而如晦。節文字之孳乳者也。二者消息相殊。正負相待。造字者以爲繁省大例。知此者希。能理而董之者鮮矣。

問曰。古有以相反爲義。獨亂訓爲治。說文𤔔亂本與敽分。其他若苦爲快徂爲存故爲今。今雖習爲故常。都無本字。豈古人語言簡短。諸言不言非者。皆簡略去之邪。荅曰。語言之始。義相同者多從一聲而變。義相近者多從一聲而變。義相對相反者亦多從一聲而變相同之例。舉如前矣。相近者亦以一聲轉變。若穀不孰爲饑。音變則疏不孰爲饉。地氣發天不應爲霚。音變則天氣下地不應爲霿。人之昜氣爲性。音變則人之侌氣爲情。妻得聲于屮。音變則爲妾。如接捷同聲。是其例。娣從弟聲。音變則爲姪。姪古音本徒結切。與弟雙聲，弟古音亦可讀𢍰。正同姪音。紅似絳。音亦如絳。欒似欄。音亦如欄。鴈似雁。音亦如雁。雅似烏。音亦如烏。閭似驢。音亦如驢。江漢河淮沇四瀆之水相似。以雙聲呼之。吳䓺恆衡岱。古音如弋。五嶽之山相似。以雙聲呼之。是其則也。相對相反者亦以一音轉變。故先言天。從聲以變則爲地。先言昜。從聲以變則爲侌。先言古。從聲以變則爲今。先言始。古音如台。從聲以變則爲冬。今終始之本字。先言疏。從聲以變則爲數。先言精。音本如青。從聲以變則爲粗。先言疾。從聲以變則爲徐。先言來。從聲以變則爲[illegible]。先言生。從聲以變則爲死。先言燥。從聲以變則爲溼。先言加。從聲以變則爲減。先言消。從聲以變則爲息。先言銳。從聲以變則爲鈍。先言長。古音在舌頭。從聲以變則爲短。先言規。從聲以變則爲榘。先言文。從聲以變則爲武。先言褒。從聲以變則爲貶。先言男。從聲以變則爲女。古音在泥紐。先言夫。從聲以變則爲婦。先言公。古音多借翁爲之。則音亦如翁。從聲以變則爲媼。先言腹。得聲于畐。古音如偪。從聲以變則爲背。先言凭。從聲以變則爲負。古音如倍。然實借爲背。先言本。從聲以變則爲標。此以雙聲相轉者也。先言起。從聲以變則爲止。先言卯。從聲以變則爲丣。先言寒。從聲以變則爲熯。先言出。從聲以變則爲內。先言央。從聲以變則爲徬。先言斠。本訓平。引伸訓直。經典以覺較爲之。從聲以變則爲曲。先言新。從聲以變則爲塵。先言水。從聲以變則爲火。先言晨。從聲以變則爲昏。先言旦。從聲以變則爲晚。先言頭。從聲以變則爲足。先言好。從聲以變則爲醜。先言老。從聲以變則爲幼。先言聽。從聲以變則爲聾。先言受。從聲以變則爲授。先言祥。從聲以變則爲殃。此以疊韵相池者也。亦有位部皆同。訓詁相反者。始爲基。終爲期。爲極。聯爲叕。斷爲絕。濁亂爲淈。清治爲汩。明瀞爲絜。葳亂爲丯。相類爲似。相殊爲異。說樂爲喜。爲僖爲嬰。悲痛爲譆。勉力爲勸。惰事爲券。具食爲饌。徹食爲餕。餕字說文不錄。然禮經已有之。上升爲陟。下降爲墊。彊力爲偲。畏愼爲諰。從隨爲若。本如字。不順爲婼。黠慧爲傆。謹敇爲愿。益之爲員。見詩小雅傳。字亦孳乳爲䚋。說文。䚋、外博衆多視也。減之爲損。

圜者爲規。方者爲圭。直修爲股。横短爲句。有目爲明。無目爲盲。等畫爲則。毁則爲賊。竝以一語相變。旣有殊文。故民無眩惑。自餘亦有制字者。然相承多用通借。若特爲牛父。引伸訓獨。而詩傳又訓爲正。則是讀爲等夷之等也。介爲分畫。引伸宜引兩。而春秋傳以介特爲單數。則是讀爲孑孑之孑也。苦徂故之爲快存今。亦同斯例。顧終古未制本字耳。若從雙聲相轉之例。雖謂苦借爲快。徂借爲存。故借爲今。可也。

理惑論　　國故論衡上　　章氏學

說文錄秦漢小篆九千餘文。而古文大篆未備。後人抗志慕古。或趨怪妄。余以爲求古文者。宜取說文獨體。觀其會通。攝以音訓。九千之數。統之無慮三四百名。此則蒼頡所始造也。五帝三王之世。改易殊體。今既不獲遠求。遂古周禮故書儀禮古文有說文所未錄者。足以補苴缺遺。邯鄲淳三體石經。作在魏世。去古猶近。其閒殊體若虞字作㐺之類。庶可宗錄。旁有陳倉石鼓。得之初唐。晚世疑爲宇文新器。蓋非其實。雖叵復見遠流。亦大篆之次也。按石鼓不知作于何時。必云宣王所作。史籀所書。固無其徵。然大致不相遠。 四者以外。宜在闕疑之科。而世人尊信彝器。以爲重寶。皮傅形聲。曲徵經義。顧以說文爲誤。斯亦反矣。彝器之出。自宋始盛。然郭忠恕汗簡夏竦古文四聲韻。王欽若天書。即出其閒。方士詭僞。固已多矣。且輕用民力。莫如漢魏。浚深穿堅。時時閒作。由晉訖隋。土均尚厲。彝器顧少掊得。下及宋世。城郭陂池之役。簡于前代。而彝器出土反多。其疑一也。自宋以降。載祀九百。轉相積絫。其器愈多。然發之何地。得之何時。起自何役。獲自誰手。其事狀多不詳。就有一二詳者。又非衆所周見。其疑二也。古之簠簋。咸云竹木所爲。管仲鏤簋。已譏其侈。而晚世所獲。悉是鎔金。著錄百數。何越禮者之多。其疑三也。祭饗庸器。非匹庶之家所有。至于戈戟刀鈹。布在行伍。錡釜耒耨。用之家人。少多之劑。千萬相越。然晚世所見者。禮器有餘。兵農之器反寡。其疑四也。刀布勢輕。失則易墜。鐘鼎質重。載之及溺。所以亡國之虛。下有積錢。秦致九鼎。淪入泗水。理之恆也。自餘觶爵簠簋之倫。輕不如錢。重不如鼎。其漂流墊陷。蓋少得失之分。未諭其由。其疑五也。然則吉金著錄。寧皆鴈器。而情僞相襍。不可審知。必令數器互讎。文皆同體。如丁作•祖作且惟作隹之類。斯雀然無疑耳。單文閒見。宜所簡汰。無取詭效殊文。用相誑燿。故曰索隱行怪。吾弗爲之矣。穿鑿之徒。務欲立異。自莊述祖。龔自珍。好玩奇辭。文致瑑兆。晚世則吳大澂。尤憙銅器。亦有燔燒餅餌。毀瓦畫墁。以相欺紿。不悟僞迹。顧疑經典有譌。說文未諦。迨孫詒讓。頗檢以六書。勿令離局。近校數家。諒爲愼密。然彝器刻畫。素非精理。形有屈伸。則說爲殊體。字有暗昧。而歸之缺泐。乃云李斯妄作。叔重貤繆。此蓋吾之所未論也。又近有掊得龜甲者。文如鳥蟲。又與彝器小異。其人蓋欺世豫賈之徒。國土可鬻。何有文字。而一二賢儒信以爲質。斯亦通人之蔽。按周官有釁龜之典。未聞銘勒。其餘見于龜策列傳者。乃有白雉之灌。酒脯之禮。粱卵之祓。黃絹之裹。而刻畫書契無傳焉。假令灼龜以卜。理兆錯迎。釁裂自見。則誤以爲文字。然非所論于二千年之舊藏也。夫骸骨入土。未有千年不壞。積歲少久。故當化爲灰塵。龜甲蜃珧。其質同耳。古者隨侯之珠。照乘之寶。珕珌之削。餘蚳之貝。今無有見世者矣。足明堊質白盛。其化非遠。龜甲何靈。而能長久若是哉。鼎彝銅器。傳者非一。猶疑其僞。況于速朽之質。易薶之器。作僞有須臾之便。得者非貞信之人。而羣相信以爲法物。不其僨歟。夫治小學者。在乎比次聲音。推迹故訓。以得語言之本。不在信好異文。廣徵形體。曩令發玉牒于泰岱。探翳翼于泗淵。萬人貞觀。不容作僞者。以補七十二家之微文。備籀器象物之遺法。庶亦可矣。若乃奉矯誣之器。信荒忽之文。以與召陵正書相角。斯于六書之學。未有云補。擬之前代。則新垣玉杯之刻。少翁牛腹之書也。寧可與道古邪。

正言論

國故論衡上　　章氏學

文言合一。蓋時彥所講言也。此事固未可猝行。藉令行之不得其道。徒令文學日窳。方國殊言。閒存古訓。亦即隨之消亡。以此闓圛烝黎。翻其反矣。余以爲文字訓故。必當普教國人。九服異言。咸宜擇其本始。乃至出辭之法。正名之方。各得準繩。悉能解諭。當爾之時。諸方別語。庶將斠如畫一。安用豫設科條。彊施隱括哉。世人徒見遠西諸國。文語無殊。遂欲取我華風。遠同彼土。不悟疆域異形。大小相絕。彼之一國。當我數道。地既陜迫。昚俗易同。我則經略廣員。兼包區夏。剛柔燥溼。風土互殊。其異一也。又彼土常言。多原羅馬。乃復襍以土風。雅鄭相貿。借使羅馬先民。復生今日。聞彼正音。方當欸爲吽喭。夫以非正爲正。則正者譎矣。兩在非正之位。則一不獨正矣。反觀諸夏語言。承之在昔。殊方俚語。各有本株。故執旋機以運大象。得環中以應無窮。比合土訓。在其中乎。若枉徇偏方。用爲權槷。既無雅俗之殊。寧得隨情取舍。其異二也。又彼土自日耳曼以來。仍世樸塞。晝革旁行。無過遂書聲氣。雖有增華。離質非遠。我則口耳竹帛文質素殊。今若以語代文。便將廢絕誦讀。若以文代語。又令喪失故言。文語交困。未見其益。其異三也。世方瞀惑。余之所懷。且莫難遂。猶願二三知德君子。考合舊文。索尋古語。庶使夏聲不墜。萬民以察。芳澤所被。不亦遠乎。今以紐韵正音。料簡州國。譌音變節。隨在而有。妙契中聲。亦或獨至。明當以短長相覆。爲中國正音。既不可任偏方。亦不合慕京邑。其表如左方。

濁音去聲變清音界」	直隸	山東	河南	山西	
清音去聲變濁音界」	湖北	湖南	廣東	廣西	福建
濁音上聲變去聲界」	除浙	江嘉	興湖	州二	府他
去聲不別影喻二紐界」	除江南	浙江他	省皆然		
上聲似平界」陝西」					
入聲似去界」直隸」	山東	河南	山西		
舌上音歸舌頭界」	福建				
舌上音歸喉音界」	廣東				

處皆然

舌上音變正齒界」	輕脣音歸牙音界」	牙音誤輕脣音界」	喉音誤齒頭音界」	齒頭音歸喉音界」	齒頭音變正齒音界」	匣紐變喻紐界」浙江」	疑紐誤娘紐界」除廣東
江南	除廣東	廣東.	廣東	各省多	各省多		他省多
浙江	他省多			有	有		有
廣東	有						
湖南							
廣西							
雲南							
貴州							

泥紐變娘紐界」	泥紐變來紐界」	彈舌音變來紐	彈舌音誤禪紐

除雲南　貴州他　省多有
直隸　山東　河南　江蘇北　部　安徽北　部
界」　安徽北　部
界」　江南　浙江　江西　湖南　雲南　貴州　廣東

魚韻誤　支韻界」　雲南　貴州　廣東
鼻音收　舌收脣　無別界」　除廣東　他省皆　然
東冬二　韻無別　界」　除湖南　江西安　徽他省
青眞二　韻無別　界」　除廣東　他省皆　然
眞諄二　韻無別　界」　除嶺北　諸省池　南諸省
江陽二　韻無別　界」　除江西　他省皆　然
術物等　韻誤入　模韵界」　直隸　河南　湖北
麻韻亂　佳韻界　除江蘇　江寧府　浙江紹　興府

皆然

皆然

湖南

他處皆然

麻韻誤

先韻幽

韵界」

除浙江

江西湖

南廣東

他省皆

有

國故論衡中　　章氏學

文學總略

文學者。以有文字著於竹帛。故謂之文。論其法式。謂之文學。凡文理文字文辭皆稱文。言其采色發揚謂之彣。以作樂有闋施之筆札謂之章。說文云。文。錯畫也。象交文。章。樂竟爲一章。彣。䵸也。彰。文彰也。或謂文章當作彣彰則異議自此起。傳曰博學於文。不可作彣。雅曰。出言有章。不可作彰。古之言文章者。不專在竹帛諷誦之間。孔子稱堯舜。煥乎其有文章。蓋君臣朝廷尊卑貴賤之序。車輿衣服宮室飲食嫁娶喪祭之分謂之文。八風從律百度得數謂之章。文章者。禮樂之殊稱矣。其後轉移施于篇什。太史公記博士平等議曰。謹案詔書律令下者。文章爾雅。訓辭深厚。儒林列傳 此寧可書作彣彰耶。獨以五采彰施五色。有言黻言黼言文言章者。宜作彣彰。然古者或無其字。本以文章引伸。今欲改文章爲彣彰者。惡夫沖淡之辭。而好華葉之語。違書契記事之本矣。孔子曰。言之無文。行而不遠。蓋謂不能舉典禮。非苟欲潤色也。易所以有文言者。梁武帝以爲文王作易。孔子遵而修之。故曰文言。非矜其采飾也。夫命其形質曰文。狀其華美曰彣。指其起止曰章。道其素絢曰彰。凡彣者必皆成文。凡成文者不皆彣。是故推論文學。以文字爲準。不以彣彰爲準。今舉諸家之法商訂如左方』。

論衡超奇云。能說一經者爲儒生。博覽古今者爲通人。采掇傳書以上書奏記者爲文人。能精思著文連結篇章者爲鴻儒。又曰。州郡有憂。有如唐子高谷子雲之吏。出身盡思。竭筆牘之力。煩憂適有不解者哉。又曰。長生死後。州郡遭憂。無舉奏之吏。以故事結不解。徵詣相屬。文軌不尊。筆疏不續也。豈無憂上之吏哉。乃其中文筆不足類也。又曰。若司馬子長劉子政之徒。累積篇第。文以萬數。其過子雲子高遠矣。然而因成前紀。無胷中之造。若夫陸賈董仲舒論說世事。由意而出。不假取於外。然而淺露易見。觀讀之者猶曰傳記。陽成子長作樂經。楊子雲作大玄經。造於助思。極窅冥之深。非庶幾之才不能成也。桓君山作新論。論世間事。辯照然否。虛妄之言。僞飾之辭。莫不證定。彼子長子雲論說之徒。君山爲甲。自君山以來。皆爲鴻眇之才。故有嘉令之文。準此。文與筆非異塗。所謂文者。皆以善作奏記爲主。自是以上。乃有鴻儒。鴻儒之文。有經傳解故諸子。彼方目以上第。非若後人擯此於文學外。沾沾焉惟華辭之守。或以論說記序碑志傳狀爲文也。獨能說一經者。不在此列。諒由學官弟子。曹偶講習。須以發策決科。其所撰著。猶今經義而已。是故遮列使不得與也。

自晉以降。初有文筆之分。文心雕龍云。今之常言。有文有筆。有韻者文也。無韻者筆也。然雕龍所論列者。藝文之部。一切幷包。是則科分文筆。以存時論。故非以此爲經界也。昭明太子序文選也。其于史籍。則云事異篇章。其於諸子。則云不以能文爲貴。此爲裒次總集。自成一家。體例適然。非不易之定論也。若以文筆區分。文選所登。無韻者固不少。若云文貴其彣耶。未知賈生過秦。魏文典論。同在諸子。何以獨堪入錄。有韻文中。既錄漢祖大風之曲。即古詩十九首。亦皆入選。而漢晉樂府。反有佚遺。是其于韻文也。亦不以節奏低卬爲主。獨取文采斐然。足耀觀覽。又失韻文之本矣。是故昭明之說。本無以自立者也。案晉書樂廣傳。請潘岳爲表。便成名筆。成公綏傳。所著詩賦襍筆十餘卷。張翰傳。文筆數十篇行施世。曹毗傳所著文筆十五卷。玉珣傳。珣夢人以大筆如椽與之。既覺。語人曰。此當有大手筆事。俄而帝崩。哀冊謚議。皆珣所草。南史任昉傳。既以文才見知。時人云任筆沈詩。徐陵傳。國家有大手筆。必命陵草之。詳此諸證。則文即詩賦。筆即褋文。乃當時恆語。阮元之徒猥謂儷語爲文。單語爲筆任昉徐陵所作。可云非儷語邪。

近世阮元以爲孔子贊易始著文言。故文以耦儷爲主。又牽引文筆之說以成之。夫有韻爲文。無韻爲筆。是則駢散諸體。一切是筆非文。藉此證成。適足自陷。既以文言爲文。序卦說卦。又何說焉。且文辭之用。各有體要。彖象爲占繇。占繇故爲韻語。文言繫辭爲述贊。述贊故爲儷辭。序卦說卦爲目錄箋疏。目錄箋疏故爲散錄。必以儷辭爲文。何緣十翼不能一致。豈波瀾既盡。有所謝短乎。或舉論語言辭達者以爲文之與辭。劃然異職。然則文言稱文。繫辭稱辭。體格未殊。而題號有異。此又何也。董仲舒云。春秋文成數萬。兼彼經傳。總稱爲文。猶曰今文家曲說然也。太史公自序亦云論次其文。此固以史爲文矣。又曰漢興。蕭何次律令。韓信申軍法。張蒼爲章程。叔孫通定禮儀。則文學彬彬稍進。此非耦儷之文也。屈宋唐景所作。既是韻文。亦多儷語。而漢書王褒傳。已有楚辭之目。王逸仍其舊題。不曰楚文。斯則韻語耦語。亦既謂之辭矣。漢書賈誼傳云。以屬文稱于郡中。其文云何。若云賦也。惜誓載于楚辭。文辭不別。

劉劭人物志曰。能屬文著述。是謂文章。司馬遷班固是也。流業篇若云奏記條議。適彼之所謂辭也。司馬相如傳云。景帝不好辭賦。法言吾子云。詩人之賦麗以則。辭人之賦麗以淫。或問君子尙辭乎。曰君子事之爲尙。事勝辭則伉。辭勝事則賦。事辭稱則經。以是見韻文耦語。竝得稱辭。無文辭之別也。且文辭之稱。若從其本以爲部署。則辭爲口說。文爲文字。古者簡帛重煩。多取記臆。故或用韻文。或用耦語。爲其音節諧適。易於口記。不煩紀載也。戰國從橫之士。抵掌搖脣。亦多積句。是則耦麗之體。適可稱職。乃如史官方策。有春秋史記漢書之屬。適當稱爲文耳。由是言之。文辭之分。反覆自陷。可謂大惑不解者矣。

或言學說文辭所由異者。學說以啓人思。文辭以增人感。此亦一往之見也。何以定之。凡云文者。包絡一切著于竹帛者而爲言。故有成句讀文。有不成句讀文。兼此二事。通謂之文。局就有句讀者。謂之文辭。諸不成句讀者。表譜之體。旁行邪上。條件相分。會計則有簿錄。算術則有演草。地圖則有名字。不足以啓人思。亦又無以增感。此不得言文辭。非不得言文也。諸成句讀者。有韻無韻分焉。諸在無韻。史志之倫。記大傀異事則有感。記經常典憲則無感。既不可齊一矣。持論本乎名家。辨章然否。言稱其志。未足以動人也。過秦之倫。辭有枝葉。其感人顧深摯。則本諸從橫家。然其爲論一也。不可以感人者爲文辭。不感者爲學說。就言有韻。其不感人者亦多矣。風雅頌者。蓋未有離於性情。獨賦有異。夫宛轉偯隱。賦之職也。儒家之賦。意存諫誡。若荀卿成相一篇。其足以感人安在。乃若原本山川。極命草木。或寫都會城郭游射郊祀之狀。若相如有子虛。楊雄有甘泉羽獵長楊河東。左思有三都。郭璞木華有江海。奧博翔實。極賦家之能事矣。其亦動人哀樂未也。其專賦一物者。若孫卿有蠶賦箴賦。王延壽有王孫賦。禰衡有鸚鵡賦。侔色揣稱。曲成形相。嫠婦孽子。讀之不爲泣。介冑戎士。詠之不爲奮。當其始造。非自感則無以爲也。比文成而感亦替。此不可以一端論也。且學說者獨不可感人耶。凡感于文言者。在其得我心。是故飲食移味。居處縕愉者。聞勞人之歌。心猶怕然。大愚不靈。無所憤悱者。覩眇論則以爲恆言也。身有疾痛。聞幼眇之音。則感槩隨之矣。心有疑滯。覩辨析之論。則悅懌隨之矣。故曰發憤忘食。

樂以忘憂。凡好學者皆然。非獨仲尼也。以文辭學說爲分者。得其大齊。審察之則不當。

如上諸說。前之昭明。後之阮氏。持論偏頗。誠不足辯。最後一說。以學說文辭對立。其規摹雖少廣。然其失也。祇以彣彰爲文。遂忘文字。故學說不彣者。乃悍然擯諸文辭之外。惟論衡所說。略成條貫。文心雕龍張之。其容至博。顧猶不知無句讀文。此亦未明文學之本柢也。余以書籍得名。實馮傅竹木而起。以此見言語文字。功能不齊。世人以經爲常。以傳爲轉。以論爲倫。此皆後儒訓說。非必覩其本眞。案經者。編絲綴屬之稱。異于百名以下用版者。亦猶浮屠書稱修多羅。修多羅者。直譯爲線。譯義爲經。蓋彼以貝葉成書。故用線聯貫也。此以竹簡成書。亦編絲綴屬也。傳者。專之假借。論語傳不習乎。魯作專不習乎。說文訓專爲六寸簿。簿即手版。古謂之忽。（今作笏。）書思對命。以備忽忘。故引伸爲書籍記事之稱。書籍名簿。亦名爲專。專之得名。以其體短。有異于經。鄭康成論語序云。春秋二尺四寸。孝經一尺二寸。論語八寸。此則專之簡策。

當復短於論語所謂六寸者也。漢藝文志言劉向校中古文尚書。有一簡二十五字者。而服虔注左氏傳則云。古文篆書。一簡八字。蓋二十五字者。二尺四寸之經也。八字者。六寸之傳也。古官書皆長二尺四寸。故云二尺四寸之律。舉成數言。則曰三尺法。經亦官書。故長如之。其非經律。則稱短書。皆見論衡論者。古但作侖。比竹成册。各就次第。是之謂侖。簫亦比竹爲之。故龠字從侖。引伸則樂音有秩亦曰侖。於論鼓鐘是也。言說有序亦曰侖。坐而論道是也。論語爲師弟問答。乃亦略記舊聞。散爲各條。編次成帙。斯曰侖語。是故繩線聯貫謂之經。簿書記事謂之專。比竹成冊謂之侖。各從其質以爲之名。亦猶古言方策。漢言尺牘。今言札記也。雖古之言肄業者。左氏傳。臣以爲肄業及之也。亦謂肄版而已。釋器云。大版謂之業。書有篇第。而習者移書其文于版。學童習字用觚。觚亦版也。故云肄業。管子宙合云。退身不舍端。修業不息版。以是徵之。則肄業爲肄版明矣。凡此皆從其質爲名。所以別文字于語言也。其必爲之別何也。文字初興。本以代聲氣。乃其功用有勝于言者。言語僅成線耳。喻若空中鳥迹。甫見而形已逝。故一事一義得相聯貫者。言語司之。及夫萬類坌集。棼不可理。言語之用。有所不周。於是委之文字。文字之用。足以成面。故表譜圖畫之術興焉。凡排比鋪張不可口說者。文字司之。及夫立體建形。向背同現。文字之用。又有不周。於是委之儀象。儀象之用。足以成體。故鑄銅雕木之術興焉。凡望高測深不可圖表者。儀象司之。然則文字本以代言。其用則有獨至。凡無句讀文。皆文字所專屬者也。以是爲主。故論文學者。不得以興會神旨爲上。昔者文氣之論。發諸魏文帝典論。而韓愈蘇轍竊焉。文德之論。發諸王充論衡。論衡佚文篇。文德之操爲文。又云。上書陳便宜。奏記薦吏士。一則爲身。二則爲人。繁文麗辭。無文德之操。治身完行。徇利爲私。無爲主者。楊遵彥依用之。魏書文苑傳。楊遵彥作文德論。以爲古今辭人。皆負才遺行。澆薄險忌。唯邢子才王元景溫子昇彬彬有德素。而章學誠竊焉。氣非竄突如鹿豕。德非委蛇如羔羊。知文辭始於表譜簿錄。則修辭立誠其首也。氣乎德乎。亦末務而已矣。

文選之興。蓋依乎摯虞文章流別。謂之總集。隋書經籍志曰。總集者。以建安之後。辭賦轉繁。衆家之籍。日以孳廣。晉代摯虞。苦覽者之勞倦。於是芟翦繁蕪。自詩賦下。各爲條貫。合而編之。謂之流別。然則李充之翰林論。劉義慶之集林。沈約丘遲之集鈔。放于此乎。七略惟有詩賦。及東漢銘誄論辯始繁。荀勖以四部變古。李充謝靈運繼之。則集部自此著。總集者。本括囊別集爲書。故不取六藝史傳諸子。非曰別集爲文。其他非文也。文選上承其流。而稍入詩序史贊新書典論諸篇。故名不曰集林集鈔。然已猜矣。其序簡別三部。蓋總集之成法。顧已迷誤其本。以文辭之封域相格。慮非摯虞李充意也。經籍志別有文章英華三十卷。古今詩苑英華十九卷。皆昭明太子撰。又以詩與襍文爲異。即明昭明義例不純。文選序率爾之言。不爲恒則。且總別集與他書經略不定。更相闌入者有之矣。今以隋志所錄總集相稽。自魏朝襍詔而下。訖皇朝陳事詔。凡十八家百四十六卷。自上法書表而下。訖後周與齊軍國書。凡七家四十一卷。而漢高祖手詔匡衡王鳳劉隗孔羣諸家奏事。書既亡佚。復傳其錄。然七畧高祖孝文詔策。悉在諸子儒家。奏事二十卷。隸春秋。此則總集有六藝諸子之流矣。陳壽定諸葛亮故事。命曰諸葛氏集。然其目錄有權制計算訓厲綜覈襍言貴和兵要傳運法檢科令軍令諸篇。魏氏春秋言亮作八務七戒六恐五懼。皆有條章。以訓厲臣子。若在往古。則商君書之流。而隋志亦在別集。故知集品不純。選者亦無以自理。阮元之倫。不悟文選所序。隨情涉筆。視爲經常。而例復前後錯迕。曾國藩又襍鈔經史百家。經典成文。布在方策。不虞潰散。鈔將何爲。若知文辭之體。鈔選之業。廣陿異塗。庶幾張之弛之。竝明而不相害。凡無句讀文。既各以專門爲業。今不亟論。有句讀者。畧道其原流利病。分爲五篇。非曰能盡。蓋以備常文之品而已。其贈序壽頌諸品。既不應法。故棄捐弗道爾。

原經　　章氏學

國故論衡中

古之爲政者。必本於天。殽以降命。命降於社之謂殽地。降於祖廟之謂仁義。降於山川之謂興作。降於五祀之謂制度。故諸教令符號謂之經。輓世有章學誠以經皆官書。不宜以庶士僭擬。故深非楊雄王通。案吳語稱挾經秉枹。兵書爲經。論衡謝短曰。五經題篇。皆以事義別之。至禮與律獨經也。法律爲經。管子書有經言區言。教令爲經。說爲官書誠當。然律歷志序庖犧以來帝王代禪。號曰世經。辨疆域者有圖經。摯虞以作畿服經也。見隋書經籍志 經之名廣矣。仲尼作孝經。漢七略始傳六藝。其始則師友讎對之辭。不在邦典。墨子有經上下。賈誼書有容經。韓非爲內儲外儲。先次凡目亦楬署經名。老子書至漢世。鄰氏復次爲經傳。孫卿引道經曰。人心之危。道心之微。道經亦不在六籍中。此則名實固有施易。世異變而人殊化。非徒方書稱經云爾。學誠以爲六經皆史。史者固不可私作。然陳壽習鑿齒臧榮緒范曄諸家。名不在史官。或已去職。皆爲前修作年歷紀傳。陳壽在晉爲著作郎。著作郎本史官。然成書在去官後。故壽卒後。乃就家寫其書。又壽于高貴鄉公陳留王傳中。二書司馬炎。

一書撫軍大將軍新昌鄉侯炎。一書晉太子炎。武帝現在。而斥其名。豈官書之體也。壽又嘗作古國志五十篇。三國志蓋亦其類耳。太史公雖廢爲埽除隸。史記未就。不以去官輟其述作。班固初草創漢書。未爲蘭臺令史也。人告固私改作國史。有詔收固。弟超馳詣闕上書。乃召詣校書部。終成前所著書。令固無纍紲之禍。成書家巷。可得議耶。且固本循父彪所述。彪爲徐令病免。既纂後篇。不就而卒。假令彪書竟成。敷文華以緯國典。雖私作何所訾也。陸賈爲楚漢春秋。名擬素王。新汲令王隆爲小學漢官篇。依擬周禮。以知舊制儀品。孔衍又次漢魏尚書。世儒書儀家禮諸篇。亦悉規摹士禮。此皆不在官守。而著書與六藝同流。不爲僭擬。諸妄稱者若東觀漢記署太史官。雖奉詔猶當絕矣。文選西征賦注引。東觀漢記。太史官曰。票駭蓬轉。因遇際會。又太史曰。忠臣畢力。是其論贊亦稱太史。然後漢太史已不主記載。漢記實非太史所爲。署之爲妄。且夫治歷明時。羲和之官也。關石和鈞。大師之所秉也。故周公作周髀筭經。張蒼以計相定章程。而次九章筭術。然後人亦自爲律歷籌筭之書。以議王官失紀。明堂月令。授時之典。民無得奸焉。而崔寔亦爲四民月令。古之書名。掌之行人保氏。故史籀在官則爲之。李斯胡毋敬在官則爲之。及漢有凡將訓纂。即非王官之職。許叔重論譔說文解字。自爾有呂忱顧野王諸家。詩續不絕。世無咎其僭擬者。吳景帝唐天后位在考文。而造作異形。不合六書。適爲世所鄙笑。今康熙字典依是也。古之姓氏。掌之司商。其後有世本。然今人亦自爲譜錄。林寶承詔作元和姓纂。言不雅馴。見駁于鄧名世。以是比況古之作者。刱制而已。後生依其式法條例則是。畔其式法條例則非。不在公私也。王通作元經。匡其簡陋與逢迎索虜斯倪已。謂不在史官不得作。陸賈爲楚漢春秋。孫盛爲晉陽秋。習鑿齒爲漢晉春秋。何因不在誅絕之科。學識誠駁汪琬說。云布衣得爲人作傳。既自倍其官守之文。又甚裁抑王通。準其條法。仲尼則國老耳。已去司寇。出奔被徵。非有一命之位。儋石之祿。其作春秋亦僭也。楊雄作太玄擬易。儒者比于吳楚僭王。謂其非聖人。不謂私作有誅也。雄復作樂四篇。（見藝文志）是時陽成子長亦爲樂經。（見論衡超奇篇）儒者不譏。獨譏太玄。已過矣。易之爲書。廣大悉備。然常用止於別蓍布卦。春官太卜掌三兆之法。一曰玉兆。二曰瓦兆。三曰原兆。其經兆之體。皆百有二十。其頌皆千有二百。掌三易之法。一曰連山。二曰歸藏。三曰周易。其經卦皆八。其別皆六十有四。掌三夢之法。一曰致夢。二曰觭夢。三曰咸陟。其經運十。其別九十。仲尼贊易而易獨貴。其在舊法世傳之史。則筮書與卜夢等夷。數術略著龜家有龜書夏龜南龜書巨龜襍龜。襍占家有黃帝長柳占夢甘德長柳占夢。書皆別出。雖易亦然。是故六蓺略有易經十二篇。數術略著龜家復有周易三十八卷。此爲周世既有兩易。猶逸周書七十一篇別在尚書外也。左氏說秦伯伐晉。筮卦遇蠱曰。千乘三去。三去之餘。獲其雄狐。成季將生。筮遇大有之乾。曰。同復于父。敬如君所。說者或云是連山歸藏。或云筮者之辭。尋連山歸藏卦名或異周易。筮者占卦。其語當指切事情。知皆非也。宜在三十八卷中。蓋易者務以占事知來。惟變所適。不爲典要。故周世既有二家駁文。韓宣子觀書於太史氏。見易象與魯春秋。曰。周禮盡在魯矣。尚考九流之學。其根極悉在有司。而易亦掌之太卜。同爲周禮。然非禮器制度符節璽印幡信之屬不可刊者。故周時易有二種。與連山歸藏而四。及漢楊雄猶得摹略爲之。是亦依則古初。不忝于素。學誠必以公私相格。是九流悉當燔燒。何獨太玄也。晉書束皙傳言汲郡人不準盜發魏襄王墓。得易經二篇。與周易上下經同。易繇陰陽卦二篇。與周易略同。繇辭則異卦下經一篇。似說卦而異。易繇陰陽卦者。亦三十八卷之倫。以是知姬姓未亡。玉步未改。而周易已分析爲數種。桐城姚際恒不曉周易有異。乃云魏文侯冣好古。魏冢無十翼。明十翼非仲尼作。然則易繇陰陽卦者。顧仲尼所爲三絕韋編以求寡過者耶。凡說古藝文者。不觀會通。不參始末。專以私意揣量。隨情取舍。上者爲章學誠。下者爲姚際恒。疑誤後生多矣。自太玄推而極之。至于他書。其類例悉準是。外有經方相人形法之屬。至于釋道。其題號皆曰經。學誠所不識。誠格以官書之律。釋者有修多羅。傳自異域。與諸夏異統。不足論。道士者。亦中國之民。何遽自恣。而老子又非道士所從出也。本出史官。與儒者非異敎。故其徒莊周猶儒服。（見莊子說劍篇）儒家稱經即詩。而道家稱經即無詩。（墨子韓子準此。）何其自相伐也。章炳麟曰。老聃仲尼而上。學皆在官。老聃仲尼而下。學皆在家人。正今之世。封建已絕矣。周秦之法已朽蠹矣。猶欲拘牽格令。以吏爲師。以宦于大夫爲學。一日欲修方志以接衣食。則言家傳可作。援其律于東方管輅諸傳。其書乃遠在楊雄後。舊目七略。今目四部。自爲校讎通義。又與四庫官書齟齬。既薄宋儒。又言誦六藝爲遵王制。時制五經在學官者。易詩書皆取宋儒傳注。則宋儒亦不可非。諸此條例。所謂作法自斃者也。

問者曰。經不悉官書。今世說今文者。以六經爲孔子作。豈不然哉。應之曰。經不悉官書。官書亦不悉稱經。史籀篇世本之屬。易詩書禮樂春秋者。本官書。又得經名。孔子曰。述而不作。信而好古。明其亡變改。其次春秋。以魯史記爲本。猶馮依左丘明。左丘明者。魯太史。見藝文志 然則聖不空作。因當官之文。春秋孝經。名實固殊焉。春秋稱經。從本名。孝經稱經、從施易之名。孟子曰。王者之迹息而詩亡。詩亡然後春秋作。迹息者。謂小雅廢。詩亡者。謂正雅正風不作。見說大疋小疋。 詩序曰。文武以天保以上治內。采薇以下治外。六月者。宣王北伐。小雅之變。自此始也。其序通言正雅二十二篇廢而王道缺。終之曰。小雅盡廢。則四夷交侵。中國微矣。國史之有編年。宜自此始。故太史公錄十二諸侯年表。始于共和。明前此無編年書。墨子明鬼篇引周燕齊宋四國春秋。三事皆在隱桓以下。周春秋乃記杜伯射宣王事。宣王以上。欲明鬼。其徵獨有詩書。明始作春秋者。爲宣王太史。

蓋大篆布而春秋作。五十凡例。尹吉甫史籀之成式。非周公著也。晉羊舌肸習於春秋則爲乘。楚士亹敎太子春秋則爲檮杌。孟子曰。晉之乘。楚之檮杌。魯之春秋。一也。惑者不覩論籑之科。不銓主客。文辭義理此也。典章行事彼也。一得造。一不得造。今以仲尼受天命爲素王。變易舊常。虛設事狀。以爲後世制法。且言左氏與遷固皆史傳。而春秋爲經。經與史異。劉逢祿。王闓運。皮錫瑞。皆同此說。 蓋素王者。其名見于莊子。天下篇。 責實有三。伊尹陳九主素王之法。守府者爲素王。莊子道玄聖素王。無其位而德可比于王者。太史公爲素王眇論。多道貨殖。其貨殖列傳已著素封。無其位。有其富厚崇高。小者比封君。大者擬天子。此三素王之辨也。仲尼稱素王者。自後生號之。王充以桓譚爲素丞相。非譚生時以此題署。顧言端門受命。爲漢制法。循是以言。桓譚之爲新論。則爲魏制法乎。春秋二百四十二年之事。不足盡人事蕃變。典章亦非具擧之。即欲爲漢制法。當自作一通書。若賈生之草具儀法者。後世王闓黃宗羲之徒亦嘗爲此。 今以不盡之事。寄不明之典。言事則害典。言典則害事。令人若射覆探鉤。卒不得其翔實。故有公羊穀梁騶夾之傳。爲說各異。是則爲漢制惑。非制法也。言春秋者。載其行事。憲章文武。下遵時王。懲惡而勸善。有之矣。制法何與焉。經與史自爲部。始晉荀勖爲中經簿。以甲乙丙丁差次。非舊法。七略太史公書在春秋家。其後東觀仁壽閣諸校書者。若班固傅毅之倫。未有變革。訖漢世依以第錄。雖今文諸大師。未有經史異部之錄也。今以春秋經不爲史。自俗儒言之即可。劉逢祿王闓運皮錫瑞之徒。方將規摹皇漢。高世比德于十四博士。而局促于荀勖之見。荀勖分四部。本已陵襍。丙部錄史記。又以皇覽與之同次。無友紀不足以法。後生如王儉。猶規其過。據隋書經籍志。王儉撰七志。一曰經典志。紀六藝小學史記襍傳。二曰諸子志。紀今古諸子。三曰文翰志。紀詩賦。四曰軍書志。紀兵書。五曰陰陽志。紀陰陽圖緯。六曰術藝志。紀方技。七曰圖譜志。紀地域及圖書。其道佛附見。合九條。然則七志本同七略。但增圖譜道佛耳。其以六藝小學史記襍傳同名爲經典志。而出圖緯使入陰陽。卓哉二劉以後。一人而已。今陳荀勖之法于石渠白虎諸老之前。非直古文師誚之。唯今文師亦安得聞是語乎。今文家所貴者。家法也。博士固不知有經史之分。則分經史者與家法不相應。夫春秋之爲志也。董仲舒說之以爲上明三王之道。下辯人事之紀。萬物之散聚。皆在春秋。然太史公自敘其書。亦曰厥協六經異傳。整齊百家異語。俟後世聖人君子。班固亦云。凡漢書。窮人理。該萬方。緯六經。綴道綱。總百氏。贊篇章。其自美何以異春秋。春秋有義例。其文微婉。遷固亦非無義例也。遷陳壽徵婉志晦之辭尤多。太山梁父。崇卑雖異哉。其類一矣。然春秋所以獨貴者。自仲尼以上。尚書則闊略無年次。百國春秋之志。復散亂不循凡例。又亦藏之故府。不下庶人。國亡則人與事偕絕。太史公云。史記獨藏周室。以故滅。此其效也。是故本之吉甫史籀。紀歲時月日。以更尚書。傳之其人。令與詩書禮樂等治。以異百國春秋。然後東周之事。粲然著明。令仲尼不次春秋。今雖欲觀定哀之世。求五伯之迹。尚荒忽如草昧。夫發金匱之藏。被之萌庶。令人人不忘前王。自仲尼左丘明始。且蒼頡徒造字耳。百官以治。萬民以察。後嗣猶蒙其澤。况于年歷晻昧。行事不彰。獨有一人抽而示之。以詒後嗣。令遷固得持續其迹。訖于今茲。則耳孫小子。耿耿不能忘先代。然後民無攜志。國有與立。實仲尼左丘明之賜。故春秋者。可以封岱宗配無極。今異春秋于史。是猶異蒼頡于史籀李斯。祇見惑也。蓋生放勳重華之世者。不知帝力所以厚。生而策肥馬乘堅車者。亦不識先人作苦。今中國史傳連䌓。百姓與知。以爲記事不足重輕。爲是沒丘明之勞。謂仲尼不專記錄。藉令生印度波斯之原。自知建國長久。文教浸淫。而故記不傳。無以褒大前哲。然後發憤於寶書。哀思於國命矣。余數見印度人。言其舊無國史。今欲搜集爲書。求褋史短書以爲之質。亦不可得。語輒扼腕。彼今文家特未見此爾。漢世五經家既不逆覩。欲以經術干祿。故言爲漢制法。卒其宮號郡縣刑辟之制。本之秦氏。爲漢制法者。李斯也。非孔子甚明。近世綴學之士。又推孔子制法。訖于百世。法度者。與民變革。古今異宜。雖聖人安得豫制之。春秋言治亂雖繁。識治之原。上不如老聃韓非。下猶不逮仲長統。故曰春秋經世先王之志。聖人議而不辯。莊子齊物論語。經猶紀也。三十年爲一世。經世猶紀年耳。志即史志之志。世多誤解。明其藏往。不亟爲後王儀法。左氏有議。至于公羊而辯。范武子云。公羊辯而裁。持繁露之法。以謁韓非仲長統。必爲二子笑矣。夫制法以爲漢。則隘。以爲百世。則夸。世欲奇偉尊嚴孔子。顧不知所以奇偉尊嚴之者。章炳麟曰。國之有史久遠。則亡滅之難。自秦氏以訖今茲。四夷交侵。王道中絕者數矣。然搰者不敢毀棄舊章。反正又易。藉不獲濟。而憤心時時

詩往志也。書往誥也。春秋往事也。慎子語見意林引

見於行事。足以待後。故令國性不墮。民自知貴于戎狄。非春秋孰維綱是。春秋之績。其什佰于禹耶。禹不治洚水。民則溺。民盡溺。即無苗裔。亦無與俱溺者。孔子不布春秋。前人往。不能語後人。後人亦無以識前。乍被侵略。則相安于輿臺之分。詩云宛其死矣。他人是偸。此可爲流涕長潸者也。然則繼魏而後。民且世世左衽。而爲羯胡鞭撻。其憯甚於一朝之溺。春秋之況烝民。比之天地。亡不幬持。豈虛譽哉。何取神怪之說不徵之辭。云爲百世制法乎。又其誣者。或言孔子以上。世湏湏無文教。故六經皆孔子臆作。不竟有其事也。即如是。墨翟與孔子異流。時有姍刺。今亦上道堯舜。稱誦詩書。何哉。三代以往。人事未極。民不知變詐之端。故帝王或以權數罔下。若其節族著於官府。禮俗通于烝民者。則吏職固有常矣。書契固有行矣。四民固有列矣。宮室固有等矣。械器固有度矣。歷數固有法矣。刑罰固有服矣。約劑固有文矣。學校固有師矣。歌舞固有節矣。彼以遠西質文之世相擬。遠西自希臘始有文教。其萌芽在幽平閒。因推成周以上。中國亦樸陋如麋鹿。此類繆見。自江慎修已然。自有天地以至今日。年歷長短。本無可校。而慎修獨信彼教紀年。謂去今財五六千歲。因謂唐虞之視開闢。亦如今日之視秦漢。假令彼中記載。錄自史官。自相傳授。猶或可信。今則錄在神教之書。而或上稽他國。他國之數。豈無彼教所未聞。安知不有遠在其前者。神教之言。本多誣妄。然則管仲所謂七十二君。雖非經典所載。不視神教猶可信乎。夫文教之先後。國異世州殊歲。不得一劑。若夫印度文教之端。始自吠陀。距今亦四千年。不與希臘同流化。巴比倫埃及補多之屬。瑣瑣天愛。不足齒錄。必欲使一劑者。大食自隋世始有文教。推此以方中國。復可云八代行事。自王劭牛弘爲之也。問者曰。孔子誠不制法。王制諸篇。何故與周禮異。應之曰。周禮者。成周之典。周世寂長。事異則法度變。重以厲王板蕩。綱紀大亂。疇人子弟分散。見曆書。疇人者。世其父業。漢世謂之疇官。非專謂治曆者。周禮雖有凡要。其孅悉在疇人。疇人亡則不能舉其事。雖欲不變無由。故左氏言春秋時制。既不悉應周官。其後天下爭于戰國。周道益衰。禮家橫見當時之法。以爲本制。若王度記言天子駕六。則見當時六驥之制也。按孫卿言六驥。又言六馬仰秣。是當時固有駕六之法。然此事蓋起春秋之末。故說苑正諫篇云。景公正晝被髮乘六馬御婦人以出正閨。祭法言七祀五祀。則見楚有國殤司命之祭也。別有說。又以儒書所說夏殷故事。轉相傅麗。訖秦用騶子五勝。命官立度。皆往往取符應。漢初古文家如張蒼。猶不能脫。況濡於口說者。漢世古文家。惟周禮杜鄭詩毛公說合法制。又無神怪之說。鄭君箋注。

則已淩襍緯候。春秋左氏易費氏本無奇衺。而北平侯已讖五德。賈侍中亦傅會公羊。竝宜去短取長者也。荀鄭之易。則與引十翼以解經者大異。猶賴王弼匡正其違。書孔氏說已不傳。太史公班孟堅書。時見大略。說皆平易。五行志中。不見古文尚書家災異之說。然其他無以明焉。洪範左氏時兼天道。然就之疏通以見當時巫史之說可也。不得以爲全經大義所在。劉子駿推左氏日食變怪之事。傅之五行。則後生所不當道也。大氐古文家借今文以成說者。竝宜簡汰去之以復其眞。其在今文。易京氏書大小夏侯。詩轅固春秋公羊氏妖妄之說冣多。魯詩韓詩雖無其迹然異義言詩齊魯韓。皆謂聖人感天而生。則亦有瑕疵者也。毛公于履帝武敏。不取釋訓敏拇之解。于上帝是依。則云依其子孫。斯其所以獨異。爾雅本有叔孫通梁文所增。或毛公所見。尚無此說。亦未可知。而鄭君乃云天命玄鳥。降而生商。是感天而生之明文。不悟詩非敍事之書。辭氣本多增飾。即如鄭言。惟嶽降神。生甫及申。亦爲感嶽而生耶。周語亦云房后有爽德。丹朱馮身以儀之。生穆王。此即醫家所云夢與鬼交者。適生穆王。當時遂有異語。豈眞謂穆王是丹朱子耶。春秋穀梁氏冣雅馴。獨惜于禮未善。王制之倫。亦其次也。惟士禮則古今文無大差異。今世言今文者。獨不敢說士禮。蓋條例精密。文皆質言。不容以夸言傅會。亦無通經致用之事。故相與置之矣。

故王制不應周禮。而繁露白虎通義之倫。復以五行相次。其始由聞見僻陋。其終染于陰陽家言而不能騁。假令王制爲孔子作者。何緣復有周尺東田之文。若爲漢制法耶。爵當有王侯。何故列五等。地當南盡九眞。北極朔方。何故局促于三千里。西域已賓而不爲置都護。匈奴可臣而不爲建朝儀。以此知其妄矣。繁露諸書。以天道極人事。又下王制數等。卒之令人拘牽數術。不盡物宜。營于禨祥。恐將泥夫大道。

言六經皆史者。賢于春秋制作之論。巧歷所不能計也。雖然。史之所記。大者爲春秋。細者爲小說。故青史子五十七篇。本古史官記事。賈生引其胎教之道。王后有身。則太師持銅而御戶左。太宰持斗而御戶右。太卜持蓍龜而御堂下。諸官各以其職御于門內。太子生而泣。則曰聲中某律。滋味上某。命云某。然後縣弧。然後卜王太子名。是禮之別記也。而錄在小說家。周考周紀周說亦次焉。周說者。武帝時方士虞初以侍郎爲黃車使者。采閭里得之。今之方志。其族也。周官誦訓。掌道方志以詔觀事。道方慝以詔辟忌。以知地俗。訓方氏。掌道四方之政事與其上下之志。誦四方之傳道而觀新物。唐世次隋經籍志者。以是爲小說根本。區以爲事。南州異物。南方草木。則辨其產。荊楚歲時。洛陽伽藍。則道其俗。陳留耆舊。汝南先賢。則表其人。合以爲志。周紀之屬。以方名。故諸襍傳地理之記。宜在小說。儀注者。又青史氏之流。今世所錄史部。宜出傳小說者衆矣。周紀諸書。據偏國行事。不與國語同錄于春秋家者。其事叢碎。非朝廷之務也。且古者封建。王道衰。故方伯自制其區宇。國語錄周以下。齊晉楚吳越。皆秉方嶽之威。制儗共主。鄭故寰內諸侯。魯亦舊爲州牧。而僭禮踰等之事多矣。故國別以爲史。異于猥蕞小侯。自秦以降。以郡縣治民。守令之職不與王者分重。獨如華陽國志。錄公孫述劉備李勢之流自治一方者。宜在春秋。今所謂史部。其他方志小說之倫。不得以國語比。宋世范成大志吳郡。猶知流別。輓世章學誠洪亮吉之徒。欲以遷固之書相擬。既爲表志列傳。又且作紀以錄王者詔書。蓋不知類。且劉縚爲聖賢本紀。而子產在其錄。本紀非帝者上儀。即府縣志宜以長官列紀。何故又推次制詔。一前一卻。斯所謂失據者哉。世人又曰。志者在官之書。府縣皆宜用今名。然今府縣之志。不上戶部。非官書。雖爲官書。虞初奉使以采周俗。何故稱周說。不稱河南說邪。蓋方志與傳狀異事。傳狀者。記今人其里居官位。宜從今。方志者。始自商周建國及秦漢分郡縣。以逮近世。二三千年之事。皆在其中。即不可以今名限齊。傳曰疆易之事一彼一此。何常之有。今之府縣。因古舊治而疆域迫陝者多矣。然其士女一端可稱。雖分在他府縣。猶入錄。若范成大志吳郡。闔閭夫差之臣及孫氏時爲吳郡人者。皆比次入其籍。闔閭夫差所部。遠及江淮。其地不專宋之平江。其臣佐出何鄉邑不可校。以繫吳故志之。孫氏之臣韋昭。本雲陽人。雲陽于宋不屬平江。以繫吳郡故志之。若署爲平江志者。宜簡韋昭之徒使不得與。爲是斟酌古今。以吳郡爲之號。然後其無旁溢也。今爲府縣志者。不旁溢則宜予今名。旁溢則宜予舊名。多愛不忍士女之籍。從古郡縣所部。而題名專繫于今。甚無謂也。獨舊郡過寬者。名不可用。漢世豫章包今江西之域。而會稽籠有浙江福建。延及江南。今爲南昌紹興志。宜有省耳。格以官書。謂之周語國志之倫。其言無狀。秋官小行人。自萬民之利害而下。物爲一書。每國辨異之。以五物反命于王。以周知天下之故。管子曰。春秋者所以記成敗也。行者道民之利害也。山權數篇。以其掌之行人。故謂之行。猶太史公書稱太史公。明與春秋異流世人不知其爲小說。而以紀傳之法相牽。斯已過矣。莊周曰。飾小說以干縣令。外物篇。今之爲方志者。名曰繼誦訓。其實干縣令也。而多自擬以太史天官。何其忘廉恥之分邪。儀注之書。禮記引贊大行。雜記。行人所書爲小說。即贊大行亦在小說可知。且諸跪拜禁忌之節。閱歲而或殊尙。又不盡制度掔定。若漢舊儀官儀所錄。八坐丞郎。有交禮解交之節。郎又含雞舌香。而女侍二人執香鑪從之。斯皆繁登降之節。效佞幸之儀。習爲恆俗。非禮律所制。然猶以爲儀注。斯固不隸禮經。而靑史小說之流也。

國故論衡中　　章氏學

明解故上

校莫審於商頌。故莫先於太誓。傳莫備於周易。解莫辯於管老。正考父校商之名頌十二篇於周太師。以那爲首。魯語 考父爲人。三命茲益恭。故託始於那。其輯之亂曰。自古在昔。先民有作。溫恭朝夕。執事有恪。先聖王之傳恭。猶不敢專。稱曰自古。古曰在昔。昔曰先民。恭人以是訓國子。見刪定之意。孔子錄詩有四始。雅頌各得其所。刪尙書爲百篇而首堯典。亦善校者已。其次比核文字者。與子夏讀三豕渡河以爲己亥。劉向父子總治七略。入者出之。出者入之。窮其原始。極其短長。此即與正考父孔子何異。辨次衆本。定異書。理譌亂。至於殺青可寫。復與子夏同流。故校讎之業廣矣。其後官府皆有圖書。亦時編次。獨王儉近劉氏。在野有阮孝緒。頗復出入。自隋以降。書府失其守。校讎之事。職諸世儒。其間若顏師古定五經。宋祁曾鞏理書籍。足以審定疑文。令民不惑。斯所謂上選者。然於目錄。徒能部次甲乙。略記梗槩。其去二劉之風遠矣。近世集四庫。雖對治文字。猶弗能定文之材。過而在野。一以故書正新書。依準宋槧。不敢軼其上。其一時據舊籍。以正唐宋木石之書。相提而論。據舊籍者宜爲甲。及其末流淫濫。憙依治要書鈔御覽諸書以定異字。治要以下。其書亦在木。非無譌亂。據以爲質。此一蔽也。前世引書。或以傳注異讀改正文。經典古今文既異。今文有齊魯之學。古文有南北之師。不得悉依一讀。淩襍用之。此二蔽也。段玉裁臧庸恨之。時出匈臆。謂世所見者。悉流俗本。獨己所正爲是。其是者誠諸師所不能駁。而亦頗有錯牾。然此諸家。比於在官之守文人之錄。可謂精博矣。若乃總畧羣書之用。猶不能企。章學誠感槩欲法劉歆。弗能卒業。後生利其疏通。以多識目錄爲賢。故有畧識品目。粗記次第。聞作者姓氏。知彫鏤年月。不窺其篇。而自以爲周覽者。則攈落之爲害也。單襄公論孫周曰。吾聞之太誓故曰。朕夢協朕卜。襲於休祥。戎商必克。周語。說曰。故。故事也。韋解。往者宋之役。薛陳之受賜。其書皆在故府。楚申公得隨兕之占於故記。故記者。藏在平府。漢亦有掌故官。其以說詩有故訓。然則先民言故。總舉之矣。有故事者。有故訓者。毛詩以外。三家亦有魯故韓故齊后氏故齊孫氏故。斯故訓之流也。

書春秋者。記事之籍。是以有故事。太誓有故。猶春秋有傳。馬季長以書傳引太誓者。今悉無有。誠知所引在故。則可與理惑也。諸故事亦通言傳。太史公曰。孔子序書傳。又曰。書傳禮記自孔氏。（孔子世家。）明孔子序尚書。兼錄其傳。故轅下生得通其文。墨翟說武王將事泰山隧。此蓋書之經也。次引傳曰。泰山有道曾孫周王有事。大事既獲。仁人尚作。以祗商夏蠻夷醜貉。雖有周親。不若仁人。萬方有罪。維予一人。此則書之傳也。（所引見兼愛中篇。）其引甘誓爲禹誓。文亦增多。（見明鬼下篇。）明其在傳中。孟子對湯放桀武王伐紂之問。即曰於傳有之。皆書傳也。婁敬引太誓。猶有伏生所不著者。敬猶習書傳。得徵其故。要之書傳素多族類。自孔子時已有數種。孔安國所以無記錄者。以其故傳具在。遭巫蠱未施行。非獨逸書二十四篇亡佚。雖書傳亦朽沒。伏生既異師。馬鄭亦不見禮堂舊傳。雖愈伏生。故訓則優矣。言故事乃人人異端。世人徒守學官條教。作傳者必欲廢故事。（如以左氏爲不傳春秋者。不知傳固有載故事者也。）此一蔽也。或以專說故事。不煩起例。此二蔽也。（如直書其事善惡自見之說。）易之十翼。爲傳尚矣。文言彖象繫辭說卦序卦襍卦之倫。體各有異。是故有通論。有駙經。有序錄。有略例。周易則然。序錄與列傳又往往相出入。淮南爲離騷傳。其實序也。太史依之。以傳屈原。劉向爲別錄。世或稱以別傳。其班次羣籍。作者或見太史公書。則曰有列傳。明己不煩爲錄也。通論之書。禮記則備。略例之書。左氏則備。駙經之書。則當句爲釋者。古之爲傳。異於章句。章句不離經而空發。傳則有異。左氏事多離經。公羊穀梁二傳。亦空記孔子生。夫章句始西京。以傳比廁經下。萌芽於鄭王二師。自是爲法。便於習讀。非古之成則。世人以是疑周人舊傳。此一蔽也。管子諸解。蓋晚周人爲之。稍有記錄。韓非爲解老。其義閎遠。凡順說前人書者。皆解之類。漢世說經。務以典禮斷事。視空談誠有間。拘文者或曰卒哭捨故而諱新。父不名子。孔子曰。鯉也死。有棺而無椁。其實未死也。循是以推。門人既厚葬顏回。孔子猶言回也視予猶父。則是顏回死復蘇也。魯定公名宋。孔子對哀公言長居宋。則是定公不薨也。其蔽一矣。或以經記散言。謂之典常。徵天子駕六者。傳之時乘六龍。循是以推。載鬼一車。則可以傳既葬反虞之禮。軍行載社及遷廟主。亦自易著之也。

後漢書徐防傳發明章句，始於子夏。案喪服傳爲子夏作，則章句之倫

徐防所言，亦今文家傅會耳。若詩之箋、章箋、句，此蓋太師瞽矇所錄，呂刑卻奏議，長非徐防所謂章句也。若大戴記諸志，學者所同，而漢史略錄，儒多去不爲章句，然則西京所謂章句者，猶晚世之講疏耳。

其薉二矣。或以古今名號不同而疑爾雅。太史公曰。張騫窮河原。惡覩所謂昆侖乎。循是以推。異國人聞有漢。亦將曰惡覩所謂虞夏商周也。其薉三矣。察漢世所爲薉者。今或無有。所起新例。式古訓。合句度。多騰掉漢師上。亦往往有不周發詞例者。謂儷語則詞性同。其可以去詁詘不調者矣。汰甚則以高文典冊。下擬唐宋文牒之流。案書呂刑曰。何擇非人。何敬非刑。何度非及。墨子說之曰。能擇人而敬刑。堯舜禹湯文武之道可及也。尚賢下篇。三非字皆作不。何擇非人。又作何擇否人。以否爲不。今誤爲言字。此豈詞例之常耶。嘗試議乎其將。曲禮曰。坐如尸。立如齊。一言實。一言業。性不得均。素問曰。生而神靈。弱而能言。幼而徇齊。長而敦敏。成而登天。上古天眞論。三語皆一往。如律。獨能言登天。均調有異。斯固言之變也。言雖同事。有不得比者。鶡冠子曰。天道先貴覆者。地道先貴載者。人道先貴事者。酒保先貴食者。天則篇。是言酒保。寧與三才之道等夷乎。莊子曰。聖人不謀。惡用知。不斲。惡用膠。無喪。惡用德。不貨。惡用商。三語皆質。斲云膠云。則取譬以相成。是皆詞例所不能均。滯於言者。觀小雅言旐維旟矣。必耦之曰。衆維魚矣。滯於事者。

覩秦風言有條有梅。必耦之曰有杞有棠。此一蔽也。明虛數者。若九天九死之輩。知其文飾無實事。此汪中釋三九之說。汪氏亦本於論衡。論衡儒增篇云。孔子至不能十國。言七十國增之也。孟嘗信陵平原春申好士。不過各千餘人。言其三千。增之也。亦信善矣。汰甚則以百姓萬國亦虛數。楚語曰。百姓千品萬官億醜。內傳曰。執玉帛者萬國。今存者無數十。皆指尺名數以相推校。宜何說焉。蓋成數者與虛數異。方較略之名。倜說大齊是成數也。假設之言不可參驗。是虛數也。漢世先師不知有成數。謂不可增減一介。如說萬國者。必分畫萬區。說冠者童子之數。以五六相乘六七相乘爲七十二人。是其類。今揉其枉。謂成數亦馮虛命之。此二蔽也。不增字解經者。以舊文皆自口出。增之則本語失其律度。其法不可壞矣。獨詩以四字成文。辭或割意。不可直以文曲相明。抑若揚兮傳者必曰美色廣揚。式微式微。訓者必曰微乎微。非無增字。意則因以條達。過省則文害辭。此三蔽也。用直訓者曰。昔吾有先正。其言明且清。其術亦至察矣。直以自解則善。汰甚則欲改易秦漢舊傳。舊傳存者莫美於毛詩。毛公爲訓。有曲而中。有肆而隱。不專以徑易爲故。古者實句德句業句。實句即今所謂名詞。德句即今所謂形容詞。業句即今所謂動詞。或展轉貤易。動變無方。古詩辭氣。亦有少異於今言者。失此三事。不足明毛公微意。小雅錫爾純嘏傳曰嘏大也。嘏爲尸授主人以福。世所悉知。大雅來嫁於周。曰嬪於京。傳曰京大也。京爲京師。亦世所悉知。今以大爲訓者。推其得名之本。商頌受小球大球。傳曰球玉。共法也。今人以廣雅拱捄訓法。改傳。問拱捄何故爲法。則不能悉夫球者玉磬。共者句股之通借字。共與句股東侯對轉。磬折句股。皆工匠制器法式。律度量衡秉之人君。受之者合瑞而觀其同也。毛公以球直訓法。令學者暗昧。推其本於玉磬。然後爲法明矣。魯頌三壽作朋。傳曰。壽考也。箋以三壽爲三卿。壽不訓卿。而古以三卿爲三壽。故推其本於考。壽考老一實也。以音相變。天子三公曰老。諸侯三卿曰老。大夫家臣曰室老。老者家臣之號。以壽爲考。然後爲卿明矣。此所謂曲而中肆而隱。小雅其祁孔有。傳曰。祁大也。箋以祁爲麎。有壬有林。傳曰。壬大。林君。箋以壬爲任。指卿大夫。世多右箋。按大與大者無異。詩言小大稽首。無小無大。從公于邁。皆謂小者大者。然則大孔有者。謂其大者孔有也。君亦訓大。大者亦爲君。然則有壬有林。即彙言有君。無所致惑。商頌幅隕既長。

傳曰。幅廣也。隕均也。今人或改爲福云既長。自以爲調達。按幅隕猶言廣員。西山經廣員百里。越語廣運百里。均者。說文云。平徧也。平徧則廣。舉其實曰幅隕。舉其德曰廣員。廣均。此皆名義相扶。所謂展轉貤易。動變無方者也。小雅鄂不韡韡。傳曰。鄂猶鄂鄂然。言外發也。箋以承華曰鄂爲說。世多右箋。按高唐賦曰。肅何千千。此與鄂不韡韡同辭。古詩雞鳴高樹顚曰。熲熲何煌煌。此與鄂鄂不韡韡同辭。何紛更之爲也。大雅履帝武敏。傳曰。敏疾也。將事齊敏。釋訓曰。敏拇也。世多右釋訓。按聘禮記曰。賓入門皇。論語曰。入公門。鞠躬如也。借曰入公門皇。即與履帝武疾同辭。記傳散語猶可。況歌詠曲折之文邪。此所謂古詩辭氣少異於今。不達詩傳之體。視以晚世兼義釋文之流。奮筆以改舊貫。此四蔽也。不避重語者。曰傳有惑蠱君。覆露子。兩言則同義。其說誠審。汰甚乃以微言爲家人語。或且噂沓。老子曰。谷神不死。舊以中央空谷擬無有。近是。今說者曰。谷宜爲穀。穀者。生也。生神不死。何其贅也。莊子曰。天之穿之。日夜無降。人則顧塞其竇。外物篇。降者以類通假爲函。如函谷亦作降谷。是其例。函者孔也。食貨志曰。

錢圜函方。此言天穿不可得其胅。人則反自塞之。今說者曰。降宜爲癃。癃者閉也。穿則不閉。宜無待鄭重言。然則務爲平易。而更違其徵旨。此五蔽也。屏是諸蔽。則可以揚姬孔末命。理董前修之業矣。若夫援讖緯以明經制。隨億必以改雅訓。單文節適。膚受以求通。辭詘則挾素王事。繆則營三統。此不足與四者數。楊子曰。靈場之威。宜夜矣乎。言正書則鬼物不能神也。

明解故下

國故論衡中　　章氏學

六經皆史之方。治之則明其行事。識其時制。通其故言。是以貴古文。古文者依準明文。不依準家法。成周之制。言應周官經者是。不應周官經者非。覃及穆王以下。六典浸移。或與舊制駁。周禮猶今會典。時有增改。穆王以後。制異周官經者多矣。然其爲周禮一也。言應左氏內外傳者是。不應左氏內外傳者非。不悉依漢世師說也。何以言之。傳記有古今文。今文流別有數家。如春秋二家。詩三家、書三家。禮三家。易七家。（漢博士亦未備）一家之中又自爲參錯。如公羊家分胡毋生董仲舒二師。董氏之徒。又分嚴顏。何休依胡毋生條例則不取嚴顏。嚴與顏亦相攻。張玄爲顏氏博士。諸生以其兼說嚴氏攻之。光武令還署。是其事也。古文準是。如劉杜鄭賈馬鄭各有異說。又古文師出今文後者。既染俗說。弗能棄捐。或身自傅會之。違其本眞。如賈逵謂左氏同公羊者什有七八之類。今文傳記師說。或反與周官左氏應。古文師說顧異。略此三事。則足以明去就之塗矣。言六宗者。劉歆以爲易卦六子。于典籍無所徵。伏生則曰萬物非天不覆。非地不載。非春不生。非夏不長。非秋不收。非冬不藏。禋于六宗。此之謂也。歐陽夏侯則伏生今文之徒。其言六宗。即云上不謂天。下不謂地。傍不謂四方。在六者之間。助陰陽變化。乃自與伏生異。馬融治古文。六宗則舍劉歆從伏生。見續漢書祭祀志注引。蓋嘗驗以大宗伯所掌。以玉作六器。以蒼璧禮天。以黃琮禮地。以青圭禮東方。以赤璋禮南方。以白琥禮西方。以玄璜禮北方。六宗之祀。逮月令尚有天宗。知自虞至周不替。以周明虞。故馬融取伏生也。禘者。大祭也。春秋外傳數以禘郊並舉。則圜丘爲禘。故字從帝。宗廟之祭周官未有言禘祫者。大宗伯以肆獻祼享先王。以饋食享先王。後鄭以爲禘祫。先師無其文。按今人攷定肆獻祼饋食爲廟祭通制。非謂禘祫。此說得之。司尊彝。凡四時之間祀追享朝享。先鄭以爲禘祫。後鄭又不從。春秋文二年。大事於大廟。躋僖公。公羊傳曰。大事者何。大祫也。昭二年有事於武宮。左氏傳曰。禘於武公。學者相習。以大事爲祫。有事爲禘。久矣。然按文二年大事。魯語說之曰。夏父弗忌爲宗。烝將躋僖公。宗有司曰。商周之烝也。未嘗躋湯與文武。是則大事爲烝。司勳曰。凡有功者祭於大烝。大烝故謂之大事。亦謂之嘗禘。祭統曰。大嘗禘。升歌清廟。下管象。是也。左氏傳亦曰。烝嘗禘於廟。烝嘗本時享。始殺而嘗。閉蟄而烝。事之制也。會有合祭。則烝嘗不拘秋冬。春秋書烝嘗爲時享。書大事爲大烝大嘗。禘其通名。傳言魯有禘樂是也。劉歆賈逵以爲禘祫一祭二名。禮無差降。然則大烝大嘗爲別名。大事爲共名。禘爲通號。祫舉其事。毛詩傳曰。諸侯夏禘則不礿。秋祫則不嘗。禘祫者互文相避。諸云五年而再殷祭。三歲一祫。五歲一禘者。今文讖記之言。非周官左氏所有。劉歆言大禘則終王。是也。又說三年一禘。滯於今文爲之異說也。春秋獨文二年書大事。襄十六年傳晉悼公卒逾歲。晉人曰。寡君未禘祀。明烝嘗禘專在喪終。有事於武宮。吉禘於莊公。徒祭一廟。非合享之班。推此有事於大廟禘於大廟。用致夫人。亦不得與大事比。按春秋書時享。有烝嘗無祠礿。此則魯從殷禮。夏祭稱禘。凡非烝嘗者並得此名。閔二年五月吉禘於莊公。昭十五年二月癸酉。有事於武宮。五月夏三月。二月夏十二月也。僖八年秋七月禘於大廟。宣八年夏六月辛巳。有事於大廟。七月夏五月。他月皆不當烝嘗之月。宣八年六月正當殷之禘月。故皆言有事言禘。禘於大廟。得致夫人者。五廟皆禘。則致夫人于莊公廟也。言太廟者。舉尊。明非如吉禘莊公不及他廟也。昭二十年傳。將禘於襄公萬者二人。此亦特禘一廟。然不知其在何月。定八年從祀先公。傳曰。冬十月。順祀先公而祈焉。辛卯。禘於僖公。上言順祀先公。即舉大事之禮。通言所謂禘者也。下言禘於僖公。此爲特禘一廟。與順祀爲二事。推此可知有事之與大事。必不得同爲殷祭。然大事本在喪終。而此舉于八年者。陽虎所爲。本非常典。二有事二禘皆時享也。禘祫之言。詾詾爭論。既二千年。若以禘祫同爲殷祭。祫名大事。禘名有事。是為禘小於祫。何大祭之云。故知周之廟祭。有大嘗大烝。有秋嘗冬烝。禘祫者。大嘗大烝之異語。大事者。大嘗大烝之約言。有事。吉禘者。夏殷時享。承用于魯之殊號。魯祭周公用白牡。本殷色。則春夏祭用殷名亦宜。知此則不為今文讖記惑也。廟主之說。左氏傳衛孔悝反祏於西圃。說文曰。祏宗廟主也。公羊傳亦曰。大夫聞君之喪攝主而往。是古今文皆謂大夫有主。公羊師說則曰、卿大夫非有土之君。不得祫享昭穆。故無主。大夫束帛依神。士結茅為菆。彼見少牢特牲二禮不明言主。故立說傅之。即如是。二禮寧有束帛結茅之文。以此疑主而反自賊。左氏內外傳言天子諸侯廟有屏攝。鄭衆曰、攝束茅以為屏蔽。是束茅為王侯制。又非士禮。公羊師說自違其傳。傳本今文。乃反與古文相應也。納妃之禮。左氏說天子至尊無敵。故無親迎之禮。諸侯有故若疾病則使上大夫迎。上卿臨之。公羊說自天子至庶人皆親迎。案春秋襄十五年。劉夏逆王后於齊。左氏傳曰。官師從單靖公逆王后於齊。卿不行。非禮也。單靖公者卿。劉夏者官師。官師從卿逆非禮。則當遣卿往迎。三公臨之。左氏師說與傳應。公羊傳曰。劉夏者何。天子之大夫也。解詁曰。禮迎王后。當使三公。故貶去大夫。明非禮。何休說與公羊師說不相應。鄭氏據文王親迎于渭。禮記言親迎繼先聖後。爲天地宗廟社稷主。證天子有親迎禮。又曰。天子雖尊。其于后猶夫婦。夫婦判合。禮同一體。所謂無敵。豈施此哉。文王本在世子位。禮記孔子之言。自論魯國。皆非其證。若以夫婦敵體爲詞者。孫卿固云。天子無妻。告人無匹也。君子篇。孫卿者。亦左氏後師。足以塞鄭氏之難。然何休本治公羊。今其言合左氏。不與公羊先師之說相容。斯鄭氏所不達也。嬪御之數。天官序官有九嬪。世婦女御不言數。周語曰。內官不過九御。外官不過九品。魯語曰。天子日入監九御。使絜奉粢盛而後即安。王度記曰。天子一娶九女。白虎通義嫁娶篇引。公羊家貢禹亦云。宮女不過九人。秣馬不過八匹。此今文師說與古文應者也。昏義曰。天子立三夫人。九嬪。二十七世婦。八十一御妻。此今文家自相錯。周禮本古文。而後鄭反引昏義爲證。猶不如淳于髡貢禹之合也。封域之數。大司徒言諸公五百里。諸侯四百里。諸伯三百里。諸子二百里。諸男百里。王制本孟子說。言公侯皆方百里。伯七十里。

子男五十里。然左氏亦言天子之地一圻。諸侯一同。諸侯者斥晉則是侯方百里也。要以周初封制自異夏殷。而夏殷舊封亦不改。其葭莩支屬無功于王室。雖受地爲列侯。猶從夏殷。功取多者魯七百里。衛兼殷畿千里。三分其號。又過上公之等。此皆斟酌損益之制。非正法也。左氏記子產語。本以斥晉唐叔非魯衛之儕。素封小國。其後曲沃武公。亦以一軍爲晉侯。則如小國百里制。王制以爲正法。則謬也。君臣之等。左氏記晉侯召王。曰。以臣召君。不可以訓。又記天王出居於鄭。曰天子無出。故師說以爲諸侯天子藩衛純臣。公羊師說諸侯不純臣。鄭氏以稱賓敵主人駁左氏。然孫卿固曰。天子四海之內無客禮。告無適也。（適即敵字。）詩曰。普天之下。莫非王土。率土之濱。莫非王臣。（君子篇。）夫內入諸侯亦稱賓。外出而天子猶無所敵。以是見純臣之義。傳曰。宋于周爲客。純客者獨有杞宋。諸侯則暫。凡稱賓者。鄉大夫尚賓興其民。當其飲射則爲賓。就如鄭言。六鄉之民於鄉大夫亦不爲純民邪。且夫天子無出。春秋三家所同。宰周公會諸侯。何休以爲職大尊重。當與天子參聽萬機。而下爲諸侯所會。惡不勝任。天子嫁女于諸侯。公羊亦云。必使同姓諸侯主之。夫婚姻之禮。甥舅之好。猶不相爲賓主。北面之宰。南面之侯。猶不相從會盟。此皆與左氏應。而公羊師說者。非其本也。若夫法制變更。穆王以下。漸與成周異矣。周之刑二千五百。呂刑用夏則三千。其法蓋輕於成周。春秋書晉殺三郤二趙。各從其主。不以滅家書其氏。則是秋官屋誅之法已廢也。覲禮天子不下堂而見諸侯。夷王下堂則覲禮遂絕。傳言王覲者。徒空名。晉侯朝王出入三覲者。亦猶通語。是故春秋僖二十八年冬夏皆書公朝于王所。夏五月者爲夏正三月。本朝時。冬爲夏正之秋。不言覲。明是時已無覲也。典命卿與大夫異爵。東周以降。卿大夫雖殊號。既爲一科。其本爲大夫者。或通言佐。左氏傳曰。惟卿爲大夫。又曰晉有趙孟以爲大夫。有伯瑕以爲佐。春秋是以書殺其大夫。未有書殺其卿者也。典命上公九命。侯伯七命。子男五命。大宗伯五命賜則。七命賜國。亦有異。東周制度浸變。故左氏傳曰。在禮卿不會公侯。會伯子男可也。又曰。鄭伯男」也。則七命之侯上擬公。七命之伯下儕於男。公羊傳亦曰。春秋伯子男一也。此猶有所聞於舊史董仲舒何休之倫。橫言春秋改周之文。從殷之質。合伯子男爲一。文家爵五等法五行。質家爵三等法三光。何其鄙也。典命。公之孤四命。以皮帛眂小國之君。東周猶有孤。晉侯請于王。以黻冕命士會將中軍。且爲大傅。（黻冕即周官之希冕。）是也。雖然。卿亦上隆。故左氏傳載魯叔孫婼之言曰。列國之卿。當小國之君。固周制也。（按傳叔孫婼但受三命。未四命也。）職方氏大行人皆說九州之內方七千里。東周四夷交侵。地稍迫削。管子言立爲六千里之侯。則大人從。（幼官篇。）謂齊桓爲侯伯。而所制者六千里。明蠻服已棄在九州外。是故荊揚邊裔吳楚諸國。初見春秋。則從夷狄書之也。天官春官所載婦人本與賓客事。自陽侯殺蓼侯竊其夫人。故大饗廢夫人之禮。自是以後。君母出門則乘輜軿。下堂則從傅姆。進退則鳴玉佩。內飾則結綢繆。（漢書張敞傳語。此左氏師說。）故春秋夫人姜氏享齊侯于祝丘。左氏從會禚書姦之例。穀梁且言饗甚于會。又公與夫人姜氏如齊。左氏亦言女有家。男有室。無相瀆也。有參會舊令新令者。大行人諸侯之邦交。歲相問也。殷相聘也。世相朝也。春秋文十一年曹伯來朝。左氏傳曰。即位而來見也。襄元年傳。邾子來朝。禮也。衛子叔晉智武子來聘。禮也。凡諸侯即位。小國朝之。大國聘焉。昭九年傳曰。孟僖子如齊殷聘。禮也。此即如大行人制。又曰。明王之制。歲聘以志業。間朝以講禮。再朝而會以示威。再會而盟以顯昭明。自古未之或失。此則十二年之間。八聘四朝再會一盟。穆王以後則然。文襄之霸。又定朝牧伯法。傳言三歲而聘。五歲而朝。故曹伯首尾五年朝魯。傳曰。禮也。諸侯五年再相朝。以修王命古之制也。穆王雖近于春秋爲古。文襄之命而言古制。猶曰故事云爾。有制似鄰類其實異者。左氏傳曰。官有世功。則有官族。周官以氏命職者衆矣。庶官得世。而執政不得世。左氏述晏子之言。知齊其爲田氏。叔向言晉事。則曰政在家門。而春秋書趙鞅叛。史墨論魯君失國。季氏世政。則曰愼器與名。不可以假人。此明執政不得世授。後師吳起對元年之問曰。執民柄者。不在一族。（見說苑建本篇。）後師張敞說之曰。公子季友有功于魯。趙衰有功于晉。大夫田完有功于齊。皆疇其庸。延及子孫。終後田氏簒齊。趙氏分晉。季氏顓魯。故仲尼作春秋迹盛衰。譏世卿㝡甚。由此也。然叔向復悲欒郤胥原狐續慶伯降在草隸。明庶官得世授。故異義引左氏師說。卿大夫得世祿。不得世位。父爲大夫死。子得食其故采。有賢才則復升父位。由此也。此皆依據明文。不純以師說爲正。褒貶之事。或有新意。猶在其外。左氏有五十凡例。傳所旃表以詒後昆。漢師猶依違二家。横爲穿鑿。斯所以待杜預之正也。杜所述典禮訓詁。多不逮漢師。其簡二傳去異端。則識在漢師上。若乃行事之詳。不以傳聞變故訓之異。不以一師成。忽其事狀。是口說而非傳記。則雖鼓篋之儒。載筆之史。猶冥冥也。達其本志。則守達詁而不知變。高子以小弁爲小人之詩。孟仲子以不已爲不似。先師之訓。可悉從耶。要之糅襍古今文者。不悟明文與師說異。拘牽漢學者。不知魏晉諸師。猶有刊剟異言之績。故曰知德者鮮。豈虛語哉。世有君子。引而伸之。觸類而長之。洋洋浩浩。具存乎斯文矣。

論式　國故論衡中　章氏學

縕竹以爲簡。有行列鰓理。故曰侖。侖者思也。大雅曰。於論鼓鐘。論官有司士之格。論四有理官之法。莫不比方。其在文辭。論語而下。莊周有齊物。齊物論舊讀皆謂齊物之論。物兼萬物物色事物三義。王介甫始謂齊彼物論。蓋欲以七篇題號相對。不可與道古。公孫龍有堅白白馬。孫卿有禮樂。呂氏有開春以下六篇。前世著論在諸子。未有率爾持辯者也。九流之言。擬儀以成變化者。皆論之儕。別錄署禮記。亦有通論。不專以顯名爲質。其辭精微簡練。本之名家。與縱橫異軌。由漢以降。賈誼有過秦。在儒家。東方朔設非有先生之論。朔書二十篇。則於襍家著錄。及王褒爲四子講德。始別爲辭人矣。晚周之論。內發膏肓。外見文采。其語不可增損。漢世之論。自賈誼已繁穰。其次漸與辭賦同流。千言之論。略其意不過百名。楊子爲法言。稍有裁制。以規論語。然儒術已勿能擬孟子孫卿。而復忿疾名法。或問公孫龍詭辭數萬以爲法。法與。曰斷木爲基。捖革爲鞠。亦皆有法焉。不合乎君子之道者。君子不法也。吾子篇。或曰。刑名非道邪。何自然也。曰何必刑名。圍棊擊劍。反目眩形。亦皆自然

李充翰林論曰。研求名理而論難生焉。論貴於允理。不求支離。御覽五百九十五引

也。由其大者作正道。由其小者作姦道。問道篇。今以楊子所云云者。上擬龍非。則跛鼈之與騏驥也。漢世獨有石渠議奏。文質相稱。語無旁溢。猶可爲論宗。後漢諸子漸興。訖魏初幾百種。然其深達理要者。辨事不過論衡。議政不過昌言。方人不過人物志。此三家差可以攀晚周。其餘雖嫺雅。悉腐談也。自新語法言申鑒中論。爲辭不同。皆以庸言爲故。豈夫可與酬酢可與右神者乎。當魏之末世。晉之盛德。鍾會袁準傅玄。皆有家言。時時見他書援引。視荀悅徐幹則勝。此其故何也。老莊形名之學。逮魏復作。故其言不牽章句。單篇持論。亦優漢世。然則王弼易例。魯勝墨序。裴頠崇有。性與天道。布在文章。賈董卑卑。于是謝不敏焉。經術已不行于王路。喪祭尚在冠昏朝覲。猶弗能替舊常。故議禮之文亦獨至。陳壽賀循孫毓范宣范汪蔡謨徐野人雷次宗者。蓋二戴聞人所不能上。施于政事。張裴晉律之序。裴秀地域之圖。其辭往往陵轢二漢。由其法守。朝信道矣。工信度矣。及齊梁猶有繼迹者。而嚴整差弗逮。夫持論之難。不在出入風議。臧否人羣。獨持理議禮爲劇。出入風議。臧否人羣。文士所優爲也。

持理議禮。非擅其學莫能至。自唐以降。綴文者在彼不在此。觀其流勢。洋洋纚纚。即實不過數語。又其持論不本名家。外方陷敵。內則亦以自儐。惟劉秩沈既濟杜佑差無盈辭。持理者獨劉柳論天爲勝。其餘並廣居自恣之言也。宋又愈不及唐。濟以譁讀。近世或欲上法六代。然上不窺六代學術之本。惟欲厲其末流。江統徙戎。陸機辨亡。干寶晉紀。以爲駿極。不可上矣。自餘能事。盡于送往事居。不失倨侮。以甄名理。則僻違而無類。以議典憲。則支離而不馴。余以爲持誦文選。不如取三國志晉書宋書弘明集通典觀之。縱不能上窺九流。猶勝于滑澤者。嘗與人書道其利病。曰。文生于名。名生于形。形之所限者分。名之所稽者理。分理明察。謂之知文。小學既廢。則單篇摦落。玄言日微。故儷語華靡。不竱其本。以之肇末。人自以爲楊劉。家相譽以潘陸。何品藻之容易乎。僕以下姿。智小謀大。謂文學之業。窮于天監。簡文變古。志在桑中。徐庾承其流化。平典之風。于茲沫矣。燕許有作。方欲上攀秦漢。逮及韓呂柳權獨孤皇甫諸家。劣能自振。議事确質。不能如兩京。辯智宣朗。不能如魏晉。晚唐變以譎詭。兩宋濟以浮夸斯皆不足卲也。將取千年朽蠹之餘。反之正則。雖容甫申耆。猶曰采浮華棄忠信爾。皋文滌生。尙有諓言。慮非修辭立誠之道。夫忽略名實。則不足以說典禮。浮辭未翦。則不足以窮遠。致言能經國。詘于籩豆有司之守。德音孔膠。不達形骸智慮之表。故篇章無計簿之用。文辯非窮理之器。彼二短者。僕自以爲絕焉。所以塊居獨處。不欲奇羣彥之數者也。如彝者一二耆秀。皆浮華交會之材。譁世取寵之士。噓枯吹生之文。非所謂文質彬彬者也。故曰亡而爲有。虛而爲盈。約而爲泰。難乎有恆矣。以上與人書。

或言今世慕古人文辭者。多論其世。唐宋不如六代。六代不如秦漢。今謂持論以魏晉爲法。上遺秦漢。敢問所安。曰。夫言亦各有所當矣。秦世先有韓非黃公之倫。持論信善。及始皇并六國。其道已隘。自爾及漢。記事韻文。後世莫與比隆。然非所及于持論也。漢初儒者。與縱橫相依。逆取則飾游談。順守則主常論。游談恣肆而無法程。常論寬緩而無攻守。道家獨主清靜。求如韓非解老。已不可得。淮南鴻烈。又襍神仙辭賦之言。其後經師漸與陰陽家并。而論議益多牽制矣。漢論著者。莫如鹽鐵。然觀其駁議。御史大夫丞相史言此。而文學賢良言彼。不相剴切。有時牽引小事。攻劫無已。則論已離其宗。或有卻擊如罵。侮弄如嘲。故發言終日而不得其所凝止。其文雖博麗哉。以持論則不中矣。董仲舒深察名號篇。略本孫卿。爲已條秩。然多傳以疑似之言。如言王有五科。皇科方科匡科黃科往科。君有五科。元科原科權科溫科羣科。雖以聲訓。傳會過當。 惜乎劉歆七略其六錄于漢志。而輯略俄空焉。不然。歆之謹審權量。斯有倫有脊者也。今漢籍見存者。獨有王充。不循俗迹。恨其文體散襍。非可諷誦。其次獨有昌言而已。魏晉之文。大體皆埤於漢。獨持論仿佛晚周。氣體雖異。要其守己有度。伐人有序。和理在中。孚尹旁達。可以爲百世師矣。然今世能者。多言規摹晉宋。惟汪中說周官明堂諸篇。類似禮家。阮元已不相逮。至于甄辨性道。極論空有。概乎其未有聞焉。典禮之學。近世有餘。名理之言。近世㝡短。以其短者施之論辯。徒爲繳繞。無所取材。謙讓不宣。固其愼也。長者亦不能自發舒。若凌廷堪禮經釋例。可謂條理始終者。及爲儷辭。文體卑近。無以自宣其學。斯豈非崇信文集。異視史書之過哉。然今法六代者。下視唐宋。慕唐宋者亦以六代爲靡。夫李翺韓愈。局促儒言之間。未能自遂。權德輿呂温及宋司馬光輩。略能推論成敗而已。歐陽修曾鞏。好爲大言。汗漫無以應敵。斯持論㝡短者也。若乃蘇軾父子。則佞人之戔戔者。凡立論欲其本名家。不欲其本縱橫。儒言不勝。而取給于氣矜。游豶怒特。蹂稼踐蔬。卒之數篇之中。自爲錯啎。古之人無有也。法晉宋者。知其病徵。宜思有以相過。而專務溫藉。詞無芒刺。甲者譏乙。則曰鄭聲。乙者譏甲。又云常語。持論既莫之勝。何怪人之多言乎。夫雅而不核。近于誦數。漢人之短也。廉而不節。近于彊鉗。肆而不制。近于流蕩。清而不根。近于草野。唐宋之過也。有其利無其病者。莫若魏晉。然則依放典禮。辯其然非。非涉獵書記所能也。循實責虛。本隱之顯。非徒竄句游心于有無同異之間也。如王守仁與羅欽順書云。格物者。格其心之物。格其意之物。格其知之物。正心者。正其物之心。誠意者。誠其物之意。致知者。致其物之知。此種但是辭句繳繞。文義實不可通。後生有效此者。則終身爲絕物矣。效唐宋之持論者。利其齒牙。效漢之持論者。多其記誦。斯已給矣。效魏晉之持論者。上不徒守文。下不可禦人以口。必先豫之以學。

文章之部。行于當官者。其源各有所受。奏疏議駁近論。詔冊表檄彈文近詩。近論故無取紛綸之辭。近詩故好爲揚厲之語。漢世作奏。莫善乎趙充國。探籌而數。辭無枝葉。晉世杜預議攷課。劉毅議罷九品中正。范甯議土斷。孔琳之議錢幣。皆可謂綜覈事情矣。然王充于漢獨稱谷永。谷永之奏。猶似質不及文。而獨爲後世宗。終之不離平徹者近是。典論云。奏議宜雅。書論宜理。亦得其辜較。云若夫詔書之作。自文景猶近質。武帝以後。時稱詩書。潤色鴻業。始爲詩之流矣。武帝冊三王。上擬尚書。至潘勖冊魏公。爲枚頤尚書本。晉以下代用其律。比于崧高韓奕。徒無韻耳。漢世表以陳情。與奏議異用。若薦禰衡求自試諸篇。文皆琛麗。煒曄可觀。蓋秦漢間上書。如李斯諫逐客。鄒陽獄中上梁孝王已然。其後別名爲表。至今尚辭。無取陳數。亦無韻之風也。彈文始不可見。任昉沈約。詆人罪狀。言在法外。蓋自宋世荀伯子。啓爲彈文。醜詞巧詆。辱及祖禰。今雖不著。明其爲任沈法。詩之惡惡。莫如巷伯。然猶戮及其身。今指斥及于腐骨。其疾惡甚于詩人矣。文選不錄奏疏議駁。徒有書表彈文之流。爲其文之著也。檄之萌芽。在張儀檄楚相。徒述口語。不見緣飾。及陳琳鍾會以下。專爲恣肆。顔峻檄元凶劭。其父延之覽書而知作者。亦無韻之賦也。大氐近論者取于名。近詩者取于縱橫。其當官奮筆一也。而風流所自有殊。覽文者觀于文選之有無。足以知其好尚異也。

垂曰論辯所宗、實在諸子、要以名家爲極、然辭亦信有體者、阮元少倫、見文選序有云沈思翰藻者、排擯諸子以爲非文、今尋沈思翰藻之語、本起陸機、深則言沈、高故稱翰、在心爲思、措之爲藻、此則并包七略、凡屬文筆書者皆有其事、昭明以此簡別、更爲汗漫、按其用語、亦爲選文陳例。而意異于陸君、作史者或庸轉相襲、則非沈思、辯說者或有抵掌立談、則非翰藻、簡異二家、故有斷序、然于諸子竟無隔異、若以冥想研幾爲沈思者、九流長技、[illegible]奏于前、何因破決。若以績飾粉澤爲翰藻者、諸子之言、美辭多矣、桓子新論曰、呂氏淮南其事約豔、文選若臨淄侯箋注引 [illegible]、昭明雖有偏見、亦應恆觀君山之言、今者不取諸子、因由上繼勢于虞、無循舊法、不以翰藻相格也、阮元閎滯、妄相窺擬、葛洪有云、陝見之徒、或忽詩賦瑣碎之文、而忽于論深美之言、同廣樂于桑間、均龍章于素質、抱朴子百家篇 其阮元之謂矣、魏晉六代持論美者、未有不本名家、而前秀之文有異後進、王弼易注、裴頠崇有、此皆極深研幾之言、非有雕蔚瑩飾也、然擅盛論王弼、則曰嚴辭溢同、傳注引魏志鍾會 陸機稱崇有貴無之論、則曰文辭精富、魏志裴注潛傳注引陸機惠帝起居注 豈苟以五色相宣於其能事而已。陸張劉之家陳、昭明甚猶未遠、豈況阮元之論驟皆思福者哉、元作儷語、佳者不踰十首、其一餘單辭子譜、甚襍不調、澈出才范[illegible]劉大概下、而世以爲文學之宗、何其爽歟、

乃至口說精較、未答竹帛、若支道[illegible]

孫[illegible]

辨詩

國故論衡中　章氏學

春官瞽矇。掌九德六詩之歌。然則詩非獨六義也。猶有九歌。其隆也。官箴占繇皆爲詩。故詩序庭燎稱箴。沔水稱規。鶴鳴稱誨。祈父稱刺。明詩外無官箴。辛甲諸篇。悉在古詩三千之數矣。詩賦略錄隱書十八篇。則東方管輅射覆之辭所出。又成相襍辭者。徒役送杵。其句度長短不齊。亦悉入錄。揚搉道之。有韻者皆爲詩。其容至博。其殺也。孔子刪詩。求合於韶武。賦比興不可歌。因以被簡。（其詳在六詩說。）屈原孫卿諸家。爲賦多名。孫卿以賦成相分二篇。題號已別。然賦篇復有佹詩一章。詩與賦未離也。漢惠帝命夏侯寬爲樂府令。及武帝采詩夜誦。其辭大備。七略序賦爲四家。其歌詩與之別。漢世所謂歌詩者。有聲音曲折可以弦歌。（如河南周歌聲曲折七篇。周謠歌詩聲曲折七十五篇。是也。）故三侯天馬諸篇。太史公悉稱詩。蓋樂府外無稱歌詩者。自韋孟在鄒。至古詩十九首以下。不知其爲歌詩耶。將與賦合流同號也。要之七略分詩賦者。本孔子刪詩意。不歌而誦。故謂之賦。叶於簫管。故謂之詩。其他有韻諸文。漢世未具。亦容附於賦錄。古者大司樂以樂語教國子。蓋有韻之文多矣。有古爲小名而今爲大。有古爲大名而今爲小者。周語曰。公卿至列士獻詩。瞽獻曲。史獻書。師箴。矇誦。瞽師瞍矇皆掌聲詩。即詩與箴一實也。故自虞箴既顯。楊雄崔駰胡廣爲官箴。氣體文旨。皆弗能與虞箴異。蓋箴規誨刺者其義。詩爲之名。後世特以箴爲一種。與詩抗衡。此以小爲大也。賦者六義之一家。毛詩傳曰。登高能賦。可以爲大夫。登高孰謂。謂壇堂之上揖讓之時。賦者孰謂。謂微言相感。歌詩必類。是故九能有賦無詩。明其互見。漢世賦爲四種。而詩不過一家。此又以小爲大也。銘者自名。器有題署。若士卒揚徽。死者題旐。下及楬木以記化居。落馬以示毛物。悉銘之屬。今世專以金石韻文爲銘。此以大爲小也。九歌者。與六詩同列。水火金木土穀謂之六府。正德利用厚生謂之三事。此則山川之頌。江海之賦。皆宜在九歌。後世既以題名爲異。九歌獨在屈賦。爲之陪屬。此又以大爲小也。且文章流別。今世或繁於古。亦有古所恆覩。今隱沒其名者。夫宮室新成則有發。見檀弓。喪紀祖載則有遺。既夕禮有讀遺之文。告祀鬼神則有造。見春官太祝。原本山川則有說。見毛詩傳。斯皆古之德音。後生莫有繼作。其題號亦因不著。文章緣起所列八十五種。至於今日。亦有廢弛不舉者。夫隨事爲名。則巧歷或不能數。會其有極。則百名而一致者多矣。謂後世爲序錄者。當從詩賦略改題樂語。凡有韵者悉著其中。庶幾人識原流。名無棼亂者也。

論辯之辭。綜持名理。久而愈出。不專以情文貴。後生或有陵轢古人者矣。韵語代益陵遲。今遂塗地。由其發揚意氣。故感槩之士擅焉。聰明思慧。去之則彌遠。記稱詩之失愚。以爲不愚固不能詩。夫致命遂志。與金鼓之節相依。是故史傳所記。文辭陵厲。精爽不沫者。若荊軻項羽李陵魏武劉琨之倫。非奇材劍客。則命世之將帥也。由商周以訖六代。其民自貴。感物以形於聲。餘怒未渫。雖文儒弱婦。皆能自致至於哀窈窕思賢材。言辭溫厚。而蹈厲之氣存焉。及武節既衰。馳騁者至於絕臏。猶弗能企。故中國廢興之際。樞於中唐。詩賦亦由是不競。五季以降。雖四言之銘。且拱手謝不敏豈獨采詩可以觀政云爾。太史公曰。兵者。聖人所以討彊暴。平亂世。夷險阻。救危殆自含血戴角之獸。見犯則校。而況於人。懷好惡喜怒之氣。喜則愛心生。怒則毒螫加。情性之理也。故六律爲萬事根本。其於兵械尤重。自中唐以降者死聲多矣。長子帥師弟子輿尸相繼也。今人或欲爲國歌。竟弗能就。抗而不隊。則暴慢之氣從之矣。尨而無守。則鄙倍之辭就之矣。如日本人所作國歌。千代千代八千代等語。行於島國可也。此類辭氣。施諸中夏則婦孺笑之耳。余以爲古者禮樂未興。則因襲前代。漢郊祀歌有日出入一章。其聲熙熙。悲而不傷。詞若游仙。乃足以作將帥之氣。雖雲門大卷弗過也。以是爲國歌者。賢於自作遠矣。

語曰。在心爲志。發言爲詩。此則吟詠情性。古今所同。而聲律調度異焉。魏文侯聽今樂則不知倦。古樂則臥。故知數極而遷。雖才士弗能以爲美。三百篇者。四言之至也。在漢獨有韋孟。已稍淡泊。下逮魏晉。作者抗志欲返古初。其辭安雅。而惰弛無節者衆。若束皙之補亡詩。視韋孟猶登天。嵇應潘陸。亦以楛窳。悠悠太上。民之厥初。於皇時晉。受命既固。蓋傭下無足觀。非其材劣。固四言之勢盡矣。漢世郊祀房中之樂。有三言七言者。其辭閎麗詄蕩。不本雅頌。而聲氣若與之呼召。其風獨五言爲善。古者學詩。有大司樂瞽宗之化。在漢則主情性。往者大風之歌拔山之曲。高祖項王未嘗習藝文也。然其言爲文儒所不能舉。蘇李之徒。結髮爲諸吏騎士。未更諷誦。詩亦爲天下宗。及陸機鮑照江淹之倫。擬以爲式。終莫能至。由是言之。情性之用長而問學之助薄也。風與雅頌賦所以異者。三義皆因緣經術。旁涉典記。故相如子雲小學之宗。以其緒餘爲賦。郊祀歌者。頌之流也。通一經之士不能獨知其辭。皆集會五經家相與共講習之。安世房中歌。作于唐山夫人。而其辭亦爾雅。獨風有異。憤懣而不得舒。其辭從之。無取一通之書數言之訓。及其流風所扇。極乎王粲曹植阮籍左思劉琨郭璞諸家。其氣可以抗浮雲。其誠可以比金石。終之上念國政。下悲小己。與十五國風同流。其時未有雅也。謝瞻承其末流。張子房詩本之王風。哀思周道無章。浸淫及于大小雅矣。世言江左遺彥。好語玄虛。孫許諸篇。傳者已寡。陶潛皇皇。欲變其奏。其風力終不逮。玄言之殺。語及田舍。田舍之隆。旁及山川雲物。則謝靈運爲之主。然則風雅道變而詩又幾爲賦。顏延之與謝靈運深淺有異。其歸一也。自是至於沈約丘遲。景物復窮。自梁簡文帝初爲新體。牀笫之言。揚于大庭。訖陳隋爲俗。陳子昂張九齡李白之倫。又稍稍以建安爲本。白亦下取謝氏。然終弗能遠至。是時五言之勢又盡。杜甫以下。辟旋以入七言。七言在周世。大招爲其萌芽。漢則柏梁。劉向亦時爲之。然短促未能成體。唐世張之。以爲新曲。自是五言遂無可觀者。然七言在陳隋。氣亦宣朗。不襍傳記名物之言。唐世浸變舊貫。其勢則不可久。哀思主文者。獨杜甫爲可與。韓愈孟郊。則急就章之變也。元稹白居易。則日者瞽師之誦也。自爾千年。七言之數。以萬。其可諷誦者幾何。重以近體昌狂。篇句塡委。凌襍史傳。不本情性。蓋詩者與議奏異狀。無取數典之言。鍾嶸所以起例。雖杜甫猶有媿。訖於宋世。小說襍傳禪家方技之言。莫不徵引。昔孫許高言莊氏。襍以三世之辭。猶云風騷體盡。況乎辭無友紀。彌以加厲者哉。宋世詩勢已盡。故其吟詠情性。多在燕樂。今詞又失其聲律。而詩彣奇愈甚。考徵之士。覩一器。說一事。則紀之五言。陳數首尾。比于馬醫歌括。及曾國藩自以爲功。誦法江西諸家。矜其奇詭。天下騖逐。古詩多詰詘不可誦。近體乃與杯珓讖辭相等。江湖之士豔而稱之。以爲至美。蓋自商頌以來。歌詩失紀。未有如今日者也。物極則變。今宜取近體一切斷之。唐以後詩。但以參考史事存之可也。其語則不足誦。古詩斷自簡文以上。唐有陳張李杜之徒。稍稍刪取其要。足以繼風雅盡正變。夫觀王粲之從軍。而後知杜甫卑闒也。觀潘岳之悼亡。而後知元稹凡俗也。觀郭璞之游仙。而後知李賀詭誕也。觀盧江府吏鴈門大守敍事諸篇。而後知白居易鄙倍也。淡而不厭者陶潛。則王維可廢也。矜而不壹者謝靈運。則韓愈可絕也。要之本情性限辭語則詩盛。遠情性憙襍書則詩衰。

七略次賦爲四家。一曰屈原賦。二曰陸賈賦。三曰孫卿賦。四曰襍賦。屈原言情。孫卿效物。陸賈賦不可見。其屬有朱建嚴助朱買臣諸家。蓋縱橫之變也。楊雄賦本擬相如。七略相如賦與屈原同次。班生以楊雄賦隸陸賈下。蓋誤也。然言賦者多本屈原。漢世自賈生惜誓上接楚辭。鵩鳥亦方物卜居。而相如大人賦自遠游流變。枚乘又以大招招魂散爲七發。其後漢武帝悼李夫人。班婕好自悼。外及淮南東方朔劉向之倫。未有出屈宋唐景外者也。孫卿五賦。寫物效情。蠶箴諸篇。與屈原橘頌異狀。其後鸚鵡焦鷯。時有方物。及宋世雪月舞鶴赭白馬諸賦放焉。洞簫長笛琴笙之屬。宜法孫卿。其辭義咸不類。徐幹有玄蝯漏卮圓扇橘賦諸篇。雜書徵引。時見一端。然勿能得全賦。大氐孫卿之體微矣。陸賈不可得從迹。雖然縱橫者賦之本。古者誦詩三百。足以專對。七國之際。行人胥附。折衝于尊俎間。其說恢張譎宇。紬繹無窮。解散賦體。易人心志。魚豢稱魯連鄒陽之徒。援譬引類。以解締結。誠文辯之雋也。武帝以後。宗室削弱。藩臣無邦交之禮。縱橫既黜。然後退爲賦家。時有解散。故用之符命。即有封禪典引。用之自述。而荅客解嘲興。文辭之繁。賦之末流爾也。襍賦有隱書者。傳曰。談言微中。亦可以解紛。與縱橫稍出入。淳于髡諫長夜飲一篇。純爲賦體。優孟諸家顧少耳。東方朔與郭舍人爲隱。依以譎諫。世傳靈棋經。誠僞書。然其後漸流爲占繇矣。管輅郭璞爲人占。皆有韻。斯亦賦之流也。自屈宋以至鮑謝。賦道既極。至於江淹沈約。稍近凡俗。庾信之作。去古踰遠。世多慕小園哀江南輩。若以上擬登樓閒居秋興蕪城之儕。其靡已甚。賦之亡蓋先于詩。繼隋而後，李白賦明堂。杜甫賦三大禮。誠欲爲楊雄臺隸。猶幾弗及。世無作者。二家亦足以殿。自是賦遂泯絕。近世徒有張惠言區區修補。黃山諸賦。雖未至。庶幾李杜之倫。承千年之絕業。欲以一朝復之，固難能也。然自詩賦道分。漢世爲賦者多無詩。自枚乘外。賈誼相如楊雄諸公。不見樂府五言。其道與故訓相儷。故小學亡而賦不作。

漢世樂府。七略錄爲歌詩。上自郊祀。下訖里巷。歆趣皆見罔羅。其外有短簫鐃歌。李延年復依西域摩訶兜勒之曲。以造新聲二十八解。魏晉之間。但歌白紵諸曲。猶有繼者。聲有曲折。故妃呼豨幾令吾之屬。間襍聲氣。尋晉語載惠公改葬共世子。臭達於外。國人誦之曰。威兮懷兮。各聚爾有以待所歸兮。猗兮違兮。心之哀兮。威懷猗違。皆曲折詠歎之詞。舊讀以爲有實義者。非也。樂府可歌。故其辭若自口出。後人雖欲摹擬。既失其音。皮之不存。毛將焉傅矣。然古人即辭題署。而後人虛擬其名。何世蔑有。破斧候人燕燕于飛諸篇。皆虞夏舊曲也。（見呂氏春秋音初篇。）周之詩人。因其言以成己意。且周世里巷歌謠。本有折楊皇華。文見莊子。皇華即小雅之篇。而里巷襲其語。折楊以後。李延年二十八解。復有云折楊柳者。此皆轉相因襲者也。世言樂府聲律既亡。後嗣不宜復作。此則今日俗詞。寧合宋人宮律。然猶緜延勿替。何哉。樂府或時無韻。是猶周頌諸篇。不應常節。蓋其逗留曲折。非韻所持。故詩之特異也。若乃古今異音。部類離合。代有遷變。文士不達其意。喜改今韻以就方言。詞之末流。有過於鄭聲者。而世或言樂府興於巷陌。方國殊致。何必正音。不悟樂府雖變。其爲夏音則同。未有泯亂大略者也。金元以降。多雜塞外方音。宋世所未殽亂。而皆獵其部次。夫載祀相隔。不踰七世。聲韻乃遠離其本。明自他族挾之以變。非自變也。孫卿云。使夷俗邪音不敢亂雅。太師之事。夫詞與南北曲者。通俗之用。樂府則已古矣。蒙古異音。夏侯寬杜夔諸公。豈能知其節邪。或曰。李延年已采西域之音以爲武樂。隋世亦有西涼龜茲天竺康國疏勒安國諸部。今之詞自龜茲樂來。何見夷音不可用也。應之曰。四夷之樂。用于朝會祭祀燕饗。自周官韎師鞮鞻氏見其端。小雅曰。以雅以南。傳曰。東夷之樂曰昧。南夷之樂曰南。西夷之樂曰朱離。北夷之樂曰禁。以爲籥舞。朱離後漢書班固傳作兜離。白虎通義省言兜。周時朱音如兜。兜離則所謂摩訶兜勒者。西域即用梵語。摩訶譯言大。兜勒兜離譯言聲音高朗。其音本作緒羅。[illegible]。羅字彈舌。觰羅爲形容語。若作名詞。即是觰勒。[illegible]但周漢無麻部音。故書作兜勒兜離耳離字古本音羅。詩傳作朱離。音亦如兜羅也。明自張騫以上鞮鞻氏已用其聲歌。然獨王者施之。陳于門外。不及侯國。漢世變爲新聲。是乃因其節奏。而文字調均從中國。猶以假給邊將。不及郡縣。隋世龜茲樂盛行閭閈。文帝尙云無復正聲。不祥之大。今之燕樂。即此胡戎歌也。其辭變夷從漢。亦與李延年同法。故自唐及北宋。詞與官韻。未相出入。此則名從主人。物從中國。古之制也。今縱不能復雅樂。猶宜存其節制。詞已失其律度。南北曲復曼衍。不可究論。然叶音宜以官韻爲準。樂府者。取近古初。就古二十二部。稍稍爲之分合。以存漢魏兩晉之聲。于是有知律者。爲之調其弦匏笙簧而已矣。

諸四言韵語者。皆詩之流。而今多患解弛。箴之爲體。備於楊雄諸家。其語長短不齊。陸機所謂頓挫淸壯者。有常則矣。自餘四言。世多宗法李斯。間三句以爲韻。其勢易工。如其辭旨。宜本之情性。參之故訓。稽之典禮。去其縟采。泯其華飾。無或糅雜故事以亂章句。先民有言。旣雕旣琢。復歸於樸。此之謂也。近世曾國藩獨慕漢書敍傳。四言之用。自漢世已衰。叙傳雖非其至。自雅頌以下。獨有李斯韋孟楊雄班固四家。復欲陵轢其上。固以難矣。韓愈稍欲理其廢絕。辭已壯麗。博而不約。鮮溫潤之音。學之雖至。猶病傀怪。不至乃獷獷如豺狼聲。詎非正以雅頌。其可爲典刑耶。若夫碑版之辭。蟬嫣不絕。體以四言。末則不韻。此自漢碑已導其原。韓愈尙優爲之。然唐人多憙造辭。近人或以爲戒。余以爲造辭非始唐人。自屈原以逮南朝。誰則不造辭者。古者多見子夏李斯之篇。故其文章都雅。造之自我。皆合典言。後世字書旣已乖離。而好破碎妄作。其名不經。雅俗之士。所由以造辭爲戒也。若其明達雅故。善赴曲期。雖造辭則何害。不然。因緣緒言。巧作刻削。呼仲尼以龍蹲。斥高祖以隆準。指兄弟以孔懷。稱在位以曾是。此雖原本經緯。非言而有物者矣。

正齎送　國故論衡中　章氏學

葬不欲厚。祭不欲瀆。靡財于一奠者此謂賊。竭思于祝號者此謂誣。諸爲歸人纂述者。亦齎送之事也。不得其職。甚乎以璠璵歛矣。古者弔有傷辭。謚有誄。祭有頌。其餘皆禱祝之辭。非著竹帛者也。上曲禮。知生者弔。知死者傷。正義曰弔辭口致命傷辭書之於版。既夕禮。知死者賵。知生者賻。書賵于方。若九若七若五。諸在版者皆百名以下。其字有定。賵之多者。不過九行。傷辭多者。不過百字。上世作者。雖若滅若沒哉。觀魏武帝過橋玄墓。不忘疇昔。爲辭告奠。其文約省。哀戚爲已隆矣。斯蓋古之令軌。爲法于今者乎。誄者誄其行迹而爲之謚。記曾子問曰賤不誄貴幼不誄長。天子稱天以誄之。周官大史遣之日讀誄。文章流別傳曰。詩頌箴銘之篇皆在往古成文可放依而作。惟誄無定制。故作者多異焉。見於典籍者。左傳有魯哀公爲孔子誄。文心雕龍及御覽五百九十六引。列女傳述魯展禽妻誄夫事。古者諸侯相誄。猶謂之失。況以燕昵自誄其夫。似後生所託也。詩傳曰。喪紀能誄。可以爲大夫。大夫不當有誄人事。蓋稱君命爲

國中　正齋送

之辭。周禮春官御史。掌贊書。後鄭以爲佐作詔令。按漢書周榮傳。尚書陳忠上疏薦榮子興曰。尚書出納帝命。爲王喉舌。臣等既愚闇。而諸郎多文俗吏。鮮有雅材。每爲詔文、宣示內外、轉相求請。或以不能而專己自由。辭多鄙固。是則周漢王言亦由假手。惟漢初高祖孝文。或親自作詔耳。誄亦視此。訖于新氏楊雄不在史官而誄元后。後漢大司馬吳漢薨。杜篤以獄囚上誄。由是賤有誄貴者矣。宗廟之樂。天子有頌。以其成功告于神明。自下蓋謂之祠。春祭曰祠。品物少多文辭也。太祝六辭。一曰祠。舊讀以爲辭令。蓋未諦。若夫攻說之文。對于神祇。非用之人鬼者也。凡此三族。後世稍分爲十餘種。而或施諸刻石。文敝者宜返質。謂當刊剟殊名。言從其本。自傷辭出者。若弔後有弔文。賈誼弔屈原。相如弔二世。錄在賦篇。其特爲文辭而迹可見于今者。若禰衡弔張衡。陸機弔魏武帝。斯皆異時致閔。不當棺柩之前。與舊禮言弔者異。惟束晳弔衛巨山。蕭孟恩二首。斯得職耳。今之祭文。蓋古傷辭也。喪禮奠而不祭。故既夕禮曰。若奠。受羊如受馬。兄弟賵奠可也。所知則賵而、不奠。今在殯宮而命以祭。言則不度。文章緣起曰。後漢車騎郎杜篤始作祭延鍾文。不知其吉祭耶。抑喪奠也。神固不歆非類。雖在吉祭。于古未有異姓爲主者。士禮既崩。近世或有功德在民。祭于州邑。

及夫往世特達之士。比干夷齊魯連鄭康成之倫。廟祀猶在。有特豚魚菽之祭。爲之祭文可也。其旁出者有哀辭。文章流別傳曰。崔瑗蘇順馬融等爲之。率施於童殤夭折。不以壽終者。（御覽五百九十六引）葢死而不弔者三。畏厭溺。長殤以下。與鮮死者同列。不可致弔。于是爲之哀辭。禮以義起。是故馬仲都以元舅車騎將軍之重。從駕溺死。明帝命班固于馬上三十步爲哀辭。（同上引）葢君臣愼禮。不以貴寵越也。今人以哀辭施諸壽終。斯所謂失倫者。衛巨山爲楚王瑋矯詔所誅。方之舊典。宜哀辭。而束晳自郡赴喪。爲文以弔。亦少褒矣。其餘輓歌之流。當古虞殯。徒役相和。若春杵者有歌焉。不在士友。有傷辭則弔文輓歌可以省。自誄出者。後有行狀。誄之爲言。絫其行迹而爲之謚。故文心雕龍曰。序事如傳。辭靡律調。誄之才也。此則後人行狀。實當斯體。唐世行狀。以上考功。固爲議謚作也。然以誄無恆制。多制華辭。爲方人之言。聖賢羣輔錄列二十四狀。皆與序事有異。且作狀者既爲先賢。即與讀誄議謚異用。文章緣起曰。漢丞相倉曹傅幹始作楊元伯行狀。（舊作傅胡幹誤）葢漢末文士。事不師古。以意題別其名。其

國中　正齋送

一四〇

時別傳又作。漢司空李郃有家書。見續漢書祭祀志注引。　荀氏亦有家傳。斯竝譜牒之細。其越代作傳者。又異是。若管輅別傳作于弟辰。斯行狀之方也。知行狀爲誄者。則行狀可以省。今人議謚。上不因誄。下不緣行狀。誄與行狀皆空爲之。欲辨章是非。記其伐閱者。獨宜爲別傳。誄行狀所以議謚。謚有美惡。而誄行狀皆諛。不稱其職。別傳作于故舊。其佞猶多。在他人斯適矣。自頌出者。後有畫象贊。所謂形容者也。文章緣起曰。司馬相如始爲荆軻贊。聞之舊訓。贊者佐也。士冠禮士昏禮注。　助也。天官太宰注。　孔子贊易。禮有贊大行。班固漢書贊及食貨郊祀溝洫諸志。非獨紀傳。然則贊者佐助其文。非褒美之謂也。言辭不盡。更爲增廣。在賦稱重。在六藝諸子稱贊。荆軻贊今不可見。而七略襍家有荆軻論五篇。司馬相如所次。論有不足。輔之以贊。自佐其論。非以佐軻。諸爲畫象贊者。佐其圖畫。非佐其人。世人昧于字訓。以贊爲褒美之名。畫象有頌。自楊雄頌趙充國始。斯則形容物類。名實相應。贊之用。不專於畫象。在畫象者。乃適與頌同職。其同異之故宜定。若夫銘刻之用。要在符契。孔琳之有言。官莫大於皇帝。爵莫尊於

政要論曰。贊象之所作。蓋詩頌之末流。群書治要引政要論贊象篇

公侯。而傳國之璽。列代遞用。襲封之印。奕世相傳。此其最朴略者已。周禮大約劑書于宗彝。小約劑書于丹圖。宗彝有銘。聖人之操左契。其在下士。王褒僮約。亦決券而書之。非以揚功德也。諸有服器。物勒工名。以致其誠。非以事鬼神也。上自盤盂。下逮几杖。皆有辭以自飭。非以祝壽考也。鐘鼎庸器。告于神明。周之尸臣。衛之孔悝。莫敢僭頌名。而叔世立石自頌。變秦始皇太山諸刻。猶不稱碑。其後死人之里。鬼神之宅。刻碑者浸衆。碑表神道石闕。其始皆在寢廟。後貤于墓。宮庭有碑。以此識景。廟則從之。又麗牲焉。記檀弓曰。公室視豐碑。三家視桓楹。桓楹故謂之表。及其在墓碑者所以下棺。表即無有。漢世乃增建之。石闕者。周官所謂象魏。梁陸倕爲石闕銘。正在兩觀。然自舜墓已爲石郭。故楚語曰。楚靈王築臺於章華之上。闕爲石郭陂漢。以象帝舜。象九疑之冢也。神道者。說文云。場。祭神道也。釋宮曰。廟中路謂之唐。唐即場字。索祭祝于鬃。自鬃而入。故其路謂之神道。漢有嵩山太室神道石闕銘。與說文言場相應。周禮天神地祇。不祭于屋下。太室立廟。亦不應禮。此但證廟有神道耳。其後墓道象之。孟子曰。孔子歿。子貢築室於場。則

國中　正賫送

國中　正齋送

廟有神道矣。自漢以降。碑表二名轉相亂。及今無有知神道爲廟制者。守文不綜其實。因以盲瞽。觀漢世刻石。稱銘者記其物。稱頌者道其辭。斯則刻石皆頌也。周制天子始有頌。記言善頌善禱。謂善形容。非眞作頌。于漢則下逮庶官。名號從是弛矣。昔魯有駉頌。自季孫行父請周。而史克作之。漢楊雄爲趙充國頌。猶奉天子命也。文章緣起曰。漢惠帝始爲四皓碑。猶帝者賜之也。今以匹士專作頌辭。與賤者誄貴等。雖然。自朱穆蔡邕私立謚號。荀爽聞而非之。張璠以爲謚者上之所贈。非下之所造。朱蔡各以衰世臧否不立。故私議之。準是則立碑固不可訓。後漢士庶專務朋游。故吏私人黨附舊主。鴟梟之惡。喻以鳳皇。斗筲之材。比于伊管。稱譽過情。有亂觀聽。延及宋世。裴松之以良史陪屬。陳議禁斷。誠懼其妨正也。唐律諸在官長吏實無政迹。輒立碑者。徒一年。若遣人妄稱己善。申請於上者。杖一百。有贓重者坐贓論。受遣者各減一等。然猶許死者立碑。爲之等制。夫生人立碑則亂政。死者立碑則亂史。生人遣人有臧爲死者遣人獨無臧邪。漢世碑文。本頌之別。雖有陳序。則考績揚摧之辭。不增其事。文勝質故

故桓範議之曰。勢重者稱美。財富者文麗。欺爚當時。疑誤後世。罪莫大焉。群書治要引政要論銘誄篇

不爲史官所取。無害于方策。唐世漸失其度。其後浸淫變爲序事。與別傳同方。別傳幸有他人所作。辭有進退。不壹於褒揚。碑即自子孫輿金乞貸。其言不得不美。既述其事。虛張功狀。覩之若眞。終于貞僞掍殽。爲史秕稗。可無斷乎。漢之立碑。或爲處士名德。民所鄉往。今乃壹爲尸位之夫。乞米以爲傳。昔人所鄙。今雖不爲史官。乞米猶易。顧炎武所以惡言義取者也。又自胡元以降。金石略例。代有增損。既崇時制。時制不適。又以前世爲準。典度褫䊑。未知所鄉。今舉其要者數事。三公稱公。九卿稱卿。此漢制也。今世既無三公。乃以三品以上遷乏自下。即稱曰君。漢世賜爵自列侯至五大夫輩。通得言君。買爵既易。宜無有不君者。方今封爵至吝。下執事而君稱之。斯何禮也。若循時制。文官五品以上稱大夫。六品以下稱郎。武官三品以上稱將軍。四品以下稱都尉。六品以下稱校尉。題曰某官某大夫。某官某郎。某官某將軍。自下準此。如是亦給矣。今題封贈于上書某公某君于下。大夫將軍而言公。郎校尉而言君。按安陸昭王碑文稱公者。時實贈司徒。竟陵文宣王行狀稱蕭公者。時實爲太傅。非今人所可藉口。稱名相駁。其詭一也。漢世太守所居稱府。

因以號府君。自漢世祖宋武帝以稱其祖。不追王故舉其下者尊之。今士庶並題其父曰府君。身無半通青綸之命。而有連城剖符之號。其詭二也。周制天子曰崩。諸侯曰薨。大夫曰卒。士曰不祿。庶人曰死。赴於他國。雖君猶稱不祿。赴於君。雖大夫士謂之死。今度制既無明文。殁于官則曰身故。若從時制。當書故不得書卒。書卒即背于令。大學士督撫諸官。或則書薨。唐宋之世。輔臣大吏。多有封爵。書薨可也。今無爵則不得比諸侯。非諸侯書薨。又背于古。其詭三也。且刻石皆銘也。自漢訖今。或前爲記敍。後繫以銘。記敍已刻石。非銘云何。名實不辨。而瑣瑣以言式例。古者謂之放飯流歠問無齒決者也。詩傳曰。作器能銘。可以爲大夫者。有其器斯銘之。無其器斯不銘矣。今世葬無窆石。廟不麗牲。而空立石爲碑。名實既爽。則碑可以廢。余念爲一人述事者。固有別傳。爲神廟興作。識其年歲者。刻石作記可也。昔元魏修野王孔子廟。劉明等以爲宣尼大聖。非碑頌所稱。宜立記。其文曰。仲尼傷道不行。欲北從趙鞅。聞殺鳴鐸。遂旋車而反。及其後也。晉人思之。于大行嶺南爲之立廟。蓋往時回轅處也。見水經沁水注。此則記之與頌。在石有殊。漢世亦嘗作周公禮殿記。今立廟者宜以爲法。其有山谷之士。獨行之賢。不見記錄。而芳烈在民。立祠堂以昭來許。宜序其行事而已。若夫封墓以爲表識。藏志以防發掘。此猶隨山栞木。用記地望。本非文辭所施。世言孔子題季札墓。其情僞不可知。就令所摹寫者。財有題署。固無記述之文。墓志始作。自王莽大司徒甄邯。見南史何承天傳。亦有題署無文辭。及張氏穿中記。文稍縟矣。後生作者。栝酒之愛。自謂久要百年之化。悲其夭枉。于情爲失衷。于事爲失順。淫溢不節。權厝亦爲之志。作志之情。本以陵谷變遷。慮及久遠。權厝者數年之事。當躬自發掘之。于是作志。又違其本情矣。若斯之倫。悉當約省盈辭。裁奪虛作。墨翟楊王孫之事。雖不可作。要之愼終追遠。貴其樸質者也。

原學

國故論衡下　章氏學

世之言學。有儀刑他國者。有因仍舊貫得之者。細徵乎一人。其鉅徵乎邦域。荷蘭人善行水。日本人善候地震。因也。山東多平原大壇。故騶魯善頌禮。關中四塞便騎射。故秦隴多兵家。海上蜃氣象城闕樓櫓。悅彝變眩。故九州五勝怪迂之變在齊稷下。因也。地齊使然。周室壞。鄭國亂。死人多而生人少。故列子一推分命。歸於厭世。御風而行。以近神仙。族姓定。階位成。貴人之子以武健陵其下。故釋迦令桑門去氏。比于四水入海而鹹淡無別。希臘之末。甘食好樂而俗淫湎。故史多揭家務爲艱苦。作自裁論。冀脫離塵垢。死而宴樂其魂魄。此其政俗致之矣。雖一人亦有舊貫。傳曰。良弓之子必學爲箕。良冶之子必學爲裘。故浮屠之論人也。鍛者鼓橐以吹鑪炭。則敎之調氣。浣衣者刮摩垢薉。而諭之觀腐骨。各從其習。使易就成。猶引繭以爲絲也。然其材性發舒。亦往往有長短。短者執舊不能發牙角。長者以鄉之一得今之十。是故九流皆出王官。及其發舒。王官所不能與。官人守要。而九流究宣其義。是以滋長短者即循循無所進取。通達之國。中國印度希臘。皆能自恢彍者也。其餘因舊而益短拙。故走他國以求儀刑。儀刑之與之爲進。羅甸日耳曼是矣。儀刑之不能與之爲進。大食日本是矣。儀刑之。猶半不成。吐蕃東胡是矣。夫爲學者非徒博識成法挾前人所故有也。有所自得。古先正之所覭髳。賢聖所以發憤志食。員輿之上。諸老先生所不能理。往釋其惑。若端拜而議。是之謂學。亡自得者。足以爲師保。不與之顯學之名。視中國印度日本則可知已。日本者。故無文字。襍取晉世隸書章草爲之。又稍省爲假名。言與文繆。無文而言學。已恧矣。今庶藝皆刻畫遠西。什得三四。然博士終身爲寫官。更五六歲。其方盡。復往轉販。一事一義。無匈中之造。徒習口說而傳師業者。王充擬之。猶郵人之過書。門者之傳敎。論衡定賢篇。古今書敎工拙誠有異。郵與閽皆不與也。中國印度自理其業。今雖衰。猶自恢彍。其高下可識矣。貸金尊于市。不如己之有蒼璧小璣。況自有九曲珠。足以照夜。厥夸毗者。惟彊大是信。苟言方略可也。何與于學。夫儀刑他國者。惟不能自恢彍。故老死不出譯胥鈔撮。能自恢彍。其不亟于儀刑。性也。然世所以侮易宗國者。諸子之書。不陳器數。非校官之業有司之守。不可按條牒而知。徒思猶無補益。要以身所涉歷中失利害之端。回顧則是矣。諸少年既不更世變。長老又浮夸少慮。方策雖具。不能與人事比合。夫言兵莫如孫子。經國莫如齊物論。皆五六千言耳。事未至。固無以爲候。雖至非素練其情。涉歷要害者。其效猶未易知也。是以文久而滅。節奏久而絕。案孫子十三篇。今日本治戎者。皆歎爲至精。由其習于兵也。莊子齊物論。則未有知爲人事之樞者。由其理趣華深。未易比切。而橫議之士。夸者之流。又心忌其害己。是以卒無知者。余向者誦其文辭。理其訓詁。求其義旨。亦且二十餘歲矣。卒如浮海不得祈嚮。涉歷世變。乃始諜然理解。知其剴切物情。老子五千言。亦與是類。文義差明。不知者多以清談忽之。或以權術擯之。有嚴復者。立說差異。而多附以功利之說。此徒以斯賓塞輩論議相校耳。亦非由涉歷人事而得之也。即有陳器數者。今則愈古。謂歷史典章訓詁音韻之屬。故書有誰錄平議以察。今之良書。無誰錄平議。不足以察。而游食交會者又邕之。游食交會。學術之帷蓋也。外足以飾。內足以蔽人。使後生佂佂無所擇。以是旁求顯學。期于四裔。四裔誠可效。然不足一切頯畫以自輕鄙。何者。飴豉酒酪。其味不同。而皆可于口。今中國之不可委心遠西。猶遠西之不可委心中國也。校術誠有詘要之短長。足以相覆。今是天籟之論。遠西執理之學弗能爲也。遺世之行。遠西務外之德弗能爲也。十二律之管。吹之擣衣舂米皆效情。遠西履笠之技弗能爲也。神輸之鍼。灼艾之治。于足治頭。于背治匈。遠西刲割之醫弗能爲也。氏族之譜。紀年之書。世無失名。歲無失事。遠西闊略之史弗能爲也。不定一尊。故笑上帝。不邇封建。故輕貴族。不奬兼并。故棄代議。不誣烝民。故重滅國。不恣獸行。故別男女。政教之言。愈于彼。又遠。下及百工將作。築橋者壘石以爲空閱。旁無支柱。而千年不壞。織綺者應聲以出章采。奇文異變。因感而作。猶自然之成形。陰陽之無窮。傅子說馬鈞作綾機。其巧如此。然今織師往往能之。割烹者斟酌百物以爲和味。堅者使毳。淖者使清。泊者使腴。令菜茹之甘美于芻豢。次有圍棊柔道。其巧疑神。孰與木杠之窳。織成之拙。牛戲之噪象戲之鄙。角抵之鈍。又有言文歌詩。彼是不能相貿者矣。夫贍于己者無輕效人。若有文木。不以青赤彫鏤。惟散木爲施鏤。以是知儀刑者散。因任者文也。然世人大共僄弃。以不類遠西爲恥。余以不類方更爲榮。非恥之分也。老子曰。天下皆謂我道大似不肖。夫惟大。故似不肖。若肖。久矣其細也夫。此中國日本之校已。

原儒　　國故論衡下　　章氏學

儒有三科。關達類私之名。達名爲儒。儒者。術士也。（說文）太史公儒林列傳曰。秦之季世阬術士。而世謂之阬儒。司馬相如言。列僊之儒居山澤間。形容甚臞。（漢書司馬相如傳語。史記儒作傳。誤。）趙太子悝亦語莊子曰。夫子必儒服而見王。事必大逆。（莊子說劍篇。）此雖道家方士言儒也。鹽鐵論曰。齊宣王褒儒尊學。孟軻淳于髡之徒受上大夫之祿。不任職而論國事。蓋齊稷下先生千有餘人。湣王矜功不休。諸儒諫不從。各分散。愼到捷子亡去。田駢如薛。而孫卿適楚。（論儒）王充儒增道虛談天說日是應。舉儒書所稱者。有魯般刻鳶。由基中楊。李廣射寢石。矢沒羽。荊軻以匕首擿秦王中銅柱入尺。女媧銷石。共工觸柱。觟䚦治獄。屈軼指佞。黃帝騎龍。淮南王犬吠天上。鷄鳴雲中。日中有三足烏。月中有兎蟾蜍。是諸名籍道墨刑法陰陽神仙之倫。旁有襍家所記。列傳所錄。一謂之儒。明其皆公族。儒之名蓋出於需。需者雲上于天。而儒亦知天文識旱潦。何以明之。鳥知天將雨者曰鷸。（說文。）舞旱暵者以爲衣冠。（釋鳥。翠。鷸。是鷸即翠。地官舞師。敎皇舞。帥而舞旱暵之事。春官樂師有皇舞。故書皇皆作後周釋道安二教論曰、包論七典、統括九流、咸爲治國之謨、並是修身之術、若派而別之、則應有九教、若總而合之、則同屬儒宗、論其官也、各王朝之一職、談其籍也、錄皇家之一書、斯論卻占違名爲準

翌。鄭司農云。翌舞者。以羽覆冒頭上。衣飾翡翠之羽。尋旱暵求雨而服翡翠者。以翠爲知雨之鳥故。鷸冠者。亦曰術氏冠。漢五行志注引禮圖。又曰圜冠。莊周言儒者冠圜冠者知天時。履句屨者知地形。緩佩玦者事至而斷。田子方篇文。五行志注引逸周書文同莊子。圜字作鷸。續漢書輿服志云。鷸冠前圜。明靈星舞子吁嗟以求雨者謂之儒。故曾晳之狂而志舞雩。原憲之狷而服華冠。華冠亦名建華冠。晉書輿服志以爲即鷸冠。華皇亦一聲之轉。皆以忿世爲巫。辟易放志於鬼道。陽狂爲巫。古所恆有。曾原二生之志。豈以靈保自命哉。董仲舒不喻斯旨。而崇飾土龍。乞效蝦蟆。燔豭薦脯。以事求雨。其愚亦甚。古之儒知天文占候。謂其多技。故號徧施於九能。諸有術者悉晐之矣。類名爲儒。儒者。知禮樂射御書數。天官曰。儒以道得民。說曰。儒。諸侯保氏有六藝以教民者。地官曰。聯師儒。說曰。師。儒。鄉里教以道藝者。此則躬備德行爲師。效其材藝爲儒。養由基射白蝯應矢而下。尹需學御三年受秋駕。呂氏曰。皆六藝之人也。呂氏春秋博志篇。明二子皆儒者。儒者則足以爲楨榦矣。私名爲儒。七略曰。儒家者流。蓋出於司徒之官。助人君順陰陽明教化者也。游文于六經之中。留意於仁義之際。祖述堯舜。憲章文武。宗師仲尼。以重其言。于道爲最高。周之衰。保氏失其守。史籀之書。商高之算。蠭門之射。范氏之御。皆不自儒者傳。故

孔子曰。吾猶及史之闕文也。有馬者借人乘之。今亡矣夫。蓋名契亂執轡調御之術亦浸不正。自詭鄙事。言君子不多能。爲當世名士顯人隱諱。及儒行稱十五儒。七略疏晏子以下五十二家。皆粗明德行政教之趣而已。未及六藝也。其科于周官爲師。儒絕而師假攝其名。然自孟子孫卿。多自擬以天子三公。智效一官。德徵一國。則劣矣。而末流亦彌以譁世取寵。及酈生陸賈平原君之徒。餔歠不廉。德行亦敗。乃不如刀筆吏。是三科者。皆不見五經家。往者商瞿伏勝穀梁赤公羊高浮丘伯高堂生諸老。七略格之。名不登於儒籍。若孫卿書敍錄云。韓非號韓子。又浮丘伯皆受業爲名儒。此則韓非浮丘並得名儒之號。乃達名矣。鹽鐵論毀學篇云。包丘子修道白屋之下。樂其志。或亦非專治經者。儒者游文。而五經家專致。五經家骨鯁守節過儒者。其辯智弗如。傳經之士。古文家吳起李克虞卿孫卿而外。知名于七國者寡。儒家則孟子孫卿魯連甯越皆有顯聞。蓋九經家不務游說。其才亦未逮也。至漢則五經家復以其術取寵。本末兼隕。然古文家獨異是。古文家務求是。儒家務致用。亦各有適。兼之者李克孫卿數子而已。五經家兩無所當。顧欲兩據其長春秋斷獄之言。遂爲厲于天下。此其所以爲異。自太史公始以儒林題齊魯諸生。徒以潤色孔氏遺業。又尙習禮樂弦歌之音。鄉飲大射。事不違藝。故比而次之。及漢有董仲舒夏侯始昌京房翼奉之流。多推五勝。又占天官風角。與鶡冠同流。草竊三科之間。往往相亂。晚有古文家出。實事求是。徵于文不徵于獻。諸在口說。雖游夏猶黜之。斯蓋史官支流。與儒家益絕矣。冒之達名。道墨名法陰陽小說詩賦經方本艸蓍龜形法。此皆術士。何遽不言儒。局之類名。蹴鞠弋道近射。歷譜近數。調律近樂。猶虎門之儒所事也。（若以類名之儒言。趙爽劉徽祖暅之明算。杜夔阮咸萬寶常之知樂。悉古之眞儒矣。）今獨以傳經爲儒。以私名則異。以達名類名則偏。要之題號由古今異。儒猶道矣。儒之名于古通爲術士。于今專爲師氏之守。道之名于古通爲德行道藝。于今專爲老聃之徒。道家之名不以題諸方技者。嫌與老氏掍也。傳經者復稱儒。即與私名之儒殽亂。（論衡書解篇曰。著作者爲文儒。說經者爲世儒。世儒易爲。文儒之業。卓絕不循。彼虛說。此實篇。案所謂文儒者。九流六藝太史之屬。所謂世儒者。即今文家。以此爲別。似可就部。然世儒之稱。又非可加諸劉歆許愼也。）孔子曰。今世命儒亡常。以儒相詬病。謂自師氏之守以外。皆宜去儒名。便非獨經師也。以三科悉稱儒。名實不足以相檢。則儒常相伐。故有理情性陳王道。而不麗保氏。身不跨馬。射不穿札。即與駁者。則以呰窳詬之。以多藝匡之。是以類名宰私名也。有審方圓正書名。而不經品庶。不念烝民疾疢。即與駁者。則以他技詬之。以致遠匡之。

是以私名宰類名也。有綜九流齎萬物而不一孔父。不蹩躠爲仁義。即與駁者。則以方道訿之。以尊師匡之。是以私名宰達名也。今令術士藝人閎眇之學。皆棄捐儒名。避師氏賢者路。名喻則爭自息。不然。儒家稱師。藝人稱儒。其餘各名其家。汎言曰學者。旁及詩賦。而汎言曰文學。文學名見韓子。蓋亦七國時汎稱也。亦可以無相鏖矣。禮樂世變易。射御于今麤粗。無參連白矢交衢和鸞之技。獨書數仍世益精博。凡爲學者。未有能捨是者也。三科雖殊。要之以書數爲本。

原道上　國故論衡下　章氏學

孔父受業於徵藏史。韓非傳其書。儒家道家法家異也。有其同。莊周述儒墨名法之變。已與老聃分流。盡道家也。有其異。是樊然者。我乃知之矣。老聃據人事嬗變。議不踰方。莊周者。旁羅死生之變。神明之運。是以鉅細有校。儒法者流。削小老氏以爲省終之其殊在量。非在質也。然自伊尹太公有撥亂之材。未嘗不以道家言爲急。漢藝文志道家有伊尹五十一篇。太公二百三十七篇。迹其行事。以間諜欺詐取人。異於儒法。今可見者。猶在逸周書。故周公詆齊國之政。而仲尼不稱伊呂。管子者。祖述太公。謂之小器。有由也。管子八十六篇亦在道家。老聃爲周徵藏史。多識故事。約金版六弢之旨。箸五千言。以極其情。則伊呂亡所用。亡所用。故歸於樸。若墨翟守城矣。巧過於公輸般。故能壞其攻具矣。談者多以老聃爲任權數。其流爲范蠡張良。今以莊周胠篋馬蹏相角。深黜聖知。爲其助大盜。豈遽與老聃異哉。老聃所以言術。將以擣前王之隱慝。取之玉版。布之短書。使人人戶知其術則術敗。會前世簡畢重滯。力不行遠。故二三姦人得因自利。及今世有赫既雕鏤之技。其書偏行。雖權數亦幾無施矣。老聃稱古之善爲道者。非以明民。將以愚之。民之難治。以其智多。愚之何道哉。以其明之。所以愚之。今是駔儈則欺罔人。然不敢欺罔其同類。交知其術也。故耿介甚。以是知去民之詐。在使民戶知詐。故曰以智治國國之賊。不以智治國國之福。知此兩者亦稽式。何謂稽式。謂人有發姦擿伏之具矣。粵無鎛。燕無函。秦無廬。胡無弓車。夫人而能之。則工巧廢矣。常知稽式。是謂玄德。玄德深遠而與物反。伊尹太公管仲雖知道。其道盜也。得盜之情。以網捕者。莫若老聃。故老聃反於王伯之輔。同於莊周。嬗及儒家。猜矣。若其開物成務。以前民用。玄家弗能知。儒者楊雄之徒亦莫識也。知此者韓非最賢。凡周秦解故之書。今多亡佚。諸子尤寡。老子獨有解老喻老二篇。後有說老子者。宜據韓非爲大傳。而疏通證明之。其賢於王輔嗣遠矣。韓非他篇亦多言術。由其所習不純。然解老喻老未嘗襍以異說。蓋其所得深矣。非之言曰。先物行先理動之謂前識。前識者。無緣而妄意度也。以詹何之察。苦心傷神。而後與五尺之愚童子同功。故曰。前識者。道之華也。而愚之首也。喻老夫不事前識。則卜筮廢。圖讖斷。建除堪輿相人之道黜矣。巫守既絕。智術穿鑿亦因以廢。其事盡於徵表。此爲道藝之根政令之原。是故私智不效則問人。問人不效則求圖書。圖書不效則以身按驗。故曰絕聖去智者。事有未來。物有未覩。不以小慧隱度也。絕學無憂者。方策足以識梗概。古今異。方國異。詳略異。則方策不獨任也。不上賢使民不爭者。以事觀功。將率必出于介冑。宰相必起于州部。不貴豪傑。不以流譽用人也。按不上賢之說。歷世守此者寡。漢世選吏多出掾史。猶合斯義。及魏晉間而專徇虛名矣。其後停年格興。弊亦差少。選曹之官。即古司士。所不得廢也。觀遠西立憲之政。至于朋黨爭權。樹標揭鼓以求選任。處大官者。悉以苞苴酒食得之。然後知老子韓非所規深遠矣。顧炎武黃宗羲皆自謂明習法制。而多揚破格用人之美。攻選曹拘牽之失。夫烏知法。名其爲簡。繁則如牛毛。夫繁故足以爲簡矣。劇故足以爲整暇矣。莊周因之以號齊物。齊物者。吹萬不同。使其自已。官天下者以是爲北斗招搖。不慕往古。不師異域。清問下民以制其中。故相地以衰征。因俗以定契。自此始。韓非又重申束之曰。凡物之有形者易裁割也。何以論之。有形則有短長。有短長則有小大。有小大則有方圓。有方圓則有堅脃。有堅脃則有輕重。有輕重則有白黑。短長小大方圓堅脃輕重白黑之謂理。理定而物易割。故議於大庭而後言。則立權議之士知之矣。故欲成方圓而隨其規榘。則萬物之功形矣。萬物莫不有規榘。議言之士。計會規榘也。聖人盡隨於萬物之規榘。故曰不敢爲天下先。解老 推此以觀其用至孅悉也。玄家或佚蕩爲簡。猶高山之與深淵。黑漆之與白堊也。玄家之爲老。息廢事服。吟嘯以忘治亂。韓非論之曰。隨時以舉事。因資而立功。用萬物之能而獲利其上。故曰不爲而成。喻老 明不爲在于任官。非曠務也。又曰。法令滋章。盜賊多有。玄家以爲老聃無所事法。韓非論之曰。一人之作。日亡半日。十日亡五人功。萬人之作。日亡半日。十日亡五萬人功矣。然則數變業者。其人彌衆。其虧彌大。解老 明官府徵令不可亟易。非廢法也。綜是數者。其要在廢私智。絕縣娛。不身質疑事。而因衆以參伍。非出史官周于國聞者。誰與領此。然故去古之宥。成今之別。其名當其辭。辯小家珍說無所容其迋。諸以僞抵讕者。無所閱其姦欺。老聃之言。則可以保傅人天矣。大匠不斲。大庖不豆。故春秋寶書之文。任之孔左。斷神事而公孟言無鬼。尚裁制而公孫論臤白。貴期驗而王充作論衡。明齊物而儒名法不道天志。按儒家法家。皆出于道。道則非出于儒也。韓愈疑田子方爲莊子師。按莊子所稱鉅人明哲。非獨一田子方。其題篇者。又有則陽徐無鬼輩。將悉是莊子師耶。俗儒又云。莊子述天下篇。首列六經。明其尊仰儒術。六經者周之史籍。道墨亦誦習之。豈

注 原書所引河上本作法物滋彰。注曰。法物好物也。珍好之物滋生。[illegible]則農事廢。飢寒並至。故盜賊多有。然史記酷吏列傳引老子已作法令。河上公注乃僞書。劉子玄已明言之。

專儒家之業。

老子之道。任于漢文。而太史公儒林列傳言孝文帝本好刑名之言。是老氏固與名法相倚也。然孝文假借便佞。令鄧通鑄錢布滿天下。既誖刑名之術。信任爰盎。淮南之獄。不自責躬。而遷怒縣傳不發封者。枉殺不辜。戾法已甚。豈老氏所以涖政哉。蓋公汲黯以清淨不擾爲治。特其一端。世人云漢治本于黃老。然未足盡什一也。諸葛治蜀。庶有冥符。夫其開誠心布公道。盡忠益時者雖讎必賞。犯法怠慢者雖親必罰。服罪輸情者雖重必釋。游辭巧飾者雖輕必戮。庶事精練。物理其本。循名責實。虛僞不齒。聲教遺言。經事綜物。文采不豔。而過于丁寧周至。公誠之心。形于文墨。老氏所經。蓋盡于此。諸葛之缺。猶在上賢。劉巴方略未著。而云運籌帷幄。吾不如子初遠矣。馬謖言過其實。優于兵謀。非能親涖行陳者也。而違衆用之以取覆敗。蓋漢末人士。務在崇獎虛名。諸葛亦未能自外爾。漢世學者數言救僿以忠。終其所尙乃在正朔服色徽識之間。不悟禮爲忠信之薄。外炫儀容。適與忠反。不有諸葛。誰知其所底哉。杜預爲黜陟課。云使名不越功而獨美。功不後名而

袁子曰。亮前識與言而不中。亮也所不用也。蜀志諸葛亮傳注引

注 其作兵要曰。良將之爲政也。使人擇之。不自舉。使法量功。不自度。故能者不可蔽。不能者不可飾。妄譽者不能進也。御覽二百七十三引。然則劉用馬。亦自知其失矣。

獨隱。亦有不上賢遺意。韓延壽治郡。謝安柄國。竝得老氏緒言。而延壽以奢僭致戮。謝安不綜名實。皆非其至。其在下者。談遷父子其箸也。道家出于史官。故史官亦貴道家。然太史持論。過在上賢。不察功實。李廣數敗而見稱。鼂錯立效而被黜。多與道家背馳。要其貴忠任質則是也。黃生以湯武弒君。此不明莊子意者。七國齊晉之主。多由彊臣盜位。故莊生言之則爲抗。漢世天位已定。君能恣行。故黃生言之則爲諂。要與伊呂殊旨。則猶老氏意也。楊王孫之流。徒有一節。未足多尚。晉世嵇康。憤世之流。近于莊氏。李充亦稱老子。而好刑名之學。深抑虛浮之士。阮裕謂人不須廣學。應以禮讓爲先。皆往往得其微旨。

王坦之非時俗放蕩不敦儒教、頗尚刑名學、箸廢莊論、曰魯酒薄而邯鄲圍、莊生作而風俗穨、禮與浮雲俱征、僞與利蕩並肆、人以克己爲恥、士以無措爲通、驟議賞罰、不可以造次屢稱、無爲不可與適變、若夫莊生所貴、莫知誰氏、在儒而非儒、在道而非道、彌貫九流、玄同彼我、萬物用之而不既、亹亹日新而不朽、昔吾孔老固已言之矣、此雖未識莊生本意、猶知老氏之爲刑名也

葛洪雖抵拒老莊。然持論必與前識上賢相反。故其言曰。叔向之母。申氏之子。非不一得。然不能常也。陶唐稽古而失任。姬公欽明而謬授。尼父遠得崇替于未兆。近失澹臺于形骸。延州審淸濁于千載之外。而蔽奇士于咫尺之內。知人之難。如此其甚。郭泰所論。皆爲此人過上聖乎。但其所得者顯而易識。其失者人不能紀。

抱朴子清鑒篇。是亦可謂崇實者矣。若夫扇虛言以流聞望。借玄辭以文膏粱。適與老子尚樸之義相戾。然則晉之亂端。遠起漢末。林宗子將。實惟國蠹。禍始于前王。而釁彰于叔季。若厲上賢之戒。知前識之非。浮民夸士。何由至哉。王粹嘗圖莊周於室。欲令嵇含爲贊。含援筆爲弔文曰。帝壻王弘遠華池豐屋。廣延賢彥。圖莊生垂綸之象。記先達辭聘之事。畫眞人於刻桷之室。載退士於進趣之堂。可謂託非其所。可弔不可贊也。晉書嵇含傳。斯足以揚搉誠僞。平章白黑矣。

原道中　國故論衡下　章氏學

老聃不尚賢。墨家以尚賢爲極。何其言之反也。循名異。審分同矣。老之言賢者。謂名譽談說才氣也。墨之言賢者。謂材力技能功伐也。不尚名譽。故無朋黨。不尊談說。故無游士。不貴才氣。故無驟官。然則材力技能功伐舉矣。墨者曰。以德就列。以官服事。以勞殿賞。尚賢上篇。世之言賢。侈大而不可斠試。朝市之地。菆井之間。揚徽題褚。以衒其名氏。選者尚曰任衆。衆之所與。不繇質情。徒一二人眩之也。會在戰國。姦人又因緣外交。自暴其聲。以輿馬瑞節之間而得淫名者衆。旣不校練。功楛未可知。就有楨材。其能又不與官適。夫茹黃之駿。而不可以負重。橐佗之彊。而不可以從獵。不檢其材。猥以賢徧授之官。違分職之道。則管仲樂穀交困。是故古之能官人者。不由令名。問其師學。試之以其事。事就則有勞。不就則無勞。舉措之分以此。故韓非曰。視鍛錫而察青黃。區冶不能以必劍。水擊鵠雁。陸斷駒馬。則臧獲不疑鈍利。發齒吻形容。伯樂不能以必馬。授車就駕。而觀其末塗。則臧獲不疑駑良。觀容服。聽辭言。仲尼不能以必士。試之官職。課其功伐。則庸人不疑於愚智。顯學篇。此夫所謂不尙賢者也。尙賢者。非舍功實而用人。不尙賢者。非投鉤而用人。其所謂賢不同。故其名異。不徵其所謂而徵其名。猶以鼠爲璞矣。愼子蔽於勢。故曰夫塊不失遺。無用賢聖。莊子天下篇。汲黯蔽于世卿。故憤用人如積薪。使後來者居上。誠若二子言。則是名宗大族世爲政也。夫老聃曰。三十輻共一轂。當其無有車之用。挻埴以爲器。當其無有器之用。鑿戶牖以爲室。當其無有室之用。故有之以爲利。無之以爲用。今處中者已無能矣。其左右又益罷。是重尪也。重尪者。安賴有君吏。明其所以任使者。皆股肱畢强。技術輻湊。明刑辟而治官職者也。則此言不尙賢者。非愼汲之所守也。君之不能。勢所踧矣。何者。辯自己成藝。自己出器。自己造之謂能。待羣而成者非能。往古黔首僻陋倜愚。小慧之士得前民造作。是故庖犧作結繩。神農嘗百藥。黃帝制衣裳。少康爲秫酒。皆以其能登用爲長。後世官器既備。凡學道立方者。必有微妙之辯巧竘之技。非絕人事苦心焦形以就。則不至。人君者。在黃屋羽葆之中。有料民聽事之勞矣。心不兩役。欲與嚋人百工比巧。猶不得。況其至琞察者。君之能盡乎南面之術矣。其道簡易。不名一器。下不比于瓦缶。上又不足當玉卮。又其成事皆待衆人。故雖斥地萬里。破敵鉅億。分之即一人斬一級矣。大施鉤梯。鑿山通道。分之即一人治一坺矣。其事至微淺。而籌策者猶在將吏。故夫處大官載神器者。佻人之功。則剽劫之類也。已無半技。則奄尹之倫也。然不竟廢黜者。非謂天命所屬與其祖宗之功足以垂遠也。老子固曰。無之以爲用。君人者既不覺悟。以是自庶侈。謂名實皆在己。爲民主者又彌自憙。是故齊物之論作。而達尊之位成。一國之中。有力不辯官府。而俗以之功。民以之慧。國以之華者。其行高世。其學鉅子。其藝大匠。其辭瑰稱。有其一者。權藉雖薄也。其尊當擬人主而已矣。凡學術分科至博。而治官者多出于習政令。漢嘗黜九流。獨任吏。次即賢良文學。賢良文學既褊陋。而吏識王度通故事。又有八體之技。能窺古始。自優于賢良文學也。今即習政令最易。其他皆刳心。習易者擅其威。習難者承流以仰欬唾。不平。是故名家有去尊。見原名篇。凡在官者名曰僕役。僕役則服囚徒之服。當其在官不與齊民齒。

何謂齊物。曰。物無非彼。物無非是。彼是莫得其耦。謂之道樞。樞始得其環中以應無窮。浮屠謂之法無我。非彼無我。非我無所取。是亦近矣。而不知其所爲使。若有真宰。而特不得其朕。百骸九竅臟而存。與物相刃相靡。其行盡如馳。而莫之能止。浮屠謂之補特伽羅無我。莊周言是。因以上溯冥極。而下連於無儒。足以經國。故曰道未始有封。言未始有常。爲是而有畛也。有畛即有差別。未始有封即無差別。有差別起于無差別。故萬物一如也。卒之春秋經世先王之志。下視韓非。而莊周深遠矣。

國故論衡下　　章氏學

原道下

人君者。剽劫之類。奄尹之倫。老聃明君術。是同於剽劫奄尹也。曰。異。是道者。內以尊生。外以極人事。笢析之以盡學術。非獨君守矣。故韓非曰。道者。萬物之所然。萬理之所稽也。理者。成物之文。道者。萬物之所以成。物有理不可以相薄。而道盡稽萬物之理。故不得不化。不得不化。故無常操。無常操。是以死生氣稟焉。萬智斟酌焉。萬事廢與焉。天得之以高。地得之以臧。維斗得之以成其威。日月得之以恆其光。五常得之以常其位。列星得之以端其行。四時得之以御其變氣。軒轅得之以擅四方。赤松得之與天地統。聖人得之以成文章。道與堯舜俱智。與接輿俱狂。與桀紂俱滅。與湯武俱昌。譬諸飲水。溺者多飲之即死。渴者適飲之即生。譬若劍戟。愚人以行忿則禍生。聖人以誅暴則福成。故得之以死。得之以生。得之以敗。得之以成。解老 此其言道。猶浮屠之言如耶。譯者作眞如。然本但一如字。 有差別此謂理。無差別此謂道。死生成敗皆道也。雖得之猶無所得。齊物之論由此作矣。韓非雖解老。然佗篇娖娖以臨政爲齊。反于政必黜。

故有六反之訓五蠹之詬。夫曰斬敵者受賞。而高慈惠之行。拔城者受爵祿。而信廉愛之說。堅甲厲兵以備難。而美薦紳之飾。富國以農距敵恃卒。而貴文學之士。廢敬上畏法之民。而養游俠私劍之屬。舉行如此。治強不可得也。五蠹。然不悟政之所行與俗之所貴。道固相乏。所賞者當在彼。所貴者當在此。今無慈惠廉愛。則民為虎狼也。無文學。則士為牛馬也。有虎狼之民牛馬之士。國雖治。政雖理。其民不人。世之有人也。固先於國。且建國以為人乎。將人者為國之虛名役也。韓非有見於國。無見於人。有見於羣。無見於孑。政之弊。以眾暴寡。誅巖穴之士。法之弊。以愚割智。無書簡之文。以法為教。無先王之語。以吏為師。五蠹。今是有形之類。大必起於小。行久之物。族必起於少。喻老。韓非之所知也。眾所不類。其終足以立烝民。蓬艾之間。有陶鑄堯舜者。故眾暴寡非也。其有回遹亂常與眾不適者。法令所不能治。治之益甚。民以情偽相攻。即自敗。故老子曰。常有司殺者殺。夫代司殺者殺。是謂代大匠斲。韓非雖賢。猶不悟。且韓非言大體。固曰不引繩之外。不推繩之內。不急法之外。不緩法之內。大體。明行法不足具得姦邪。貞廉之行可賤邪。不逆天理。不傷情性。（大體）人之求智慧辯察者。情性也。文學之業可絕邪。榮辱之責在于己不在于人。（大體）匹夫之行可抑邪。莊周明老聃意。而和之以齊物。推萬類之異情。以爲無正味正色。以其相伐。使並行而不害。其道在分異政俗。無令干位。故曰得其環中以應無窮者。各適其欲以流解說。各修其行以爲工宰。各致其心以效微妙而已矣。政之所具。不過經令。法之所禁。不過姦害。能說諸心。能研諸慮。以成天下之亹亹者。非政之所與也。采藥以爲食。鑿山以爲宮。身無室家農圃之役。升斗之稅。不上于王府。雖不臣天子不耦羣衆。非法之所禁。版法格令。不得㓨一字也。操奇說者能非之。不以非之㓨其法。不以尊法罪其非。君臣上下六親之際。雅俗所守。治眇論者所駁也。守之者不爲變。駁之者無所刑。國有羣職。王公以出治。師以式民。儒以通古今會文理。百工以審曲面勢立均出度。其權異。其尊不異。地有九州。賦不齊上下。音不齊清濁。用不齊器械。居不齊宮室。其樞同。其取予不同。皆無使相干也。夫是之謂大清明。夫是之謂天下之至柔馳騁天下之至堅。

法家者。削小老氏以爲省。能令其國稱娖。而不能與之爲人。黨得莊生緒言以自飭省。賞罰不厭一。好惡不厭岐。一者以爲羣衆。岐者以優匹士。因道全法。則君子樂而大姦止。其後獨王弼能推莊生意。爲易略例。明一以彖曰。自統而尋之。物雖衆。則知可以執一御也。由本以觀之。義雖博。則知可以一名舉也。處旋機以觀大運。則天地之動未足怪也。據會要以觀方來。則六合輻湊未足多也。故舉封之名。義有主矣。觀其彖辭。則思過半矣。夫古今雖殊。軍國異容。中之爲用。故未可遠也。品制萬變。宗主存焉。明彖明岐以爻曰。情僞之動。非數之所求也。故合散屈伸。與體相乖。形躁好靜。其柔愛剛。體與情反。質與願違。巧歷不能定其算數。聖明不能爲之典要。法制所不能齊。度量所不能均也。召雲者龍。命呂者律。二女相違。而剛柔合體。隆坻永歎。遠壑必盈。投戈散地。則六親不能相保。同舟而濟。則胡越何患乎異心。故苟識其情。不憂乖違。苟明其趣。不煩强武。明爻通變。推而極之。大象準諸此。寧獨人事之云云哉。道若無岐。宇宙至今如摶炭。大地至今如孰乳已。

又世說文學注引庾闡謝安年少時請阮裕道白馬論，爲論以示謝，于時謝不即解，阮語重相咨盡，阮乃歎曰：非但能言人不可得，正索解人亦不可得。

原名

國故論衡下　章氏學

七略記名家者流出于禮官。古者名位不同。禮亦異數。孫卿爲正名篇。道後王之成名。刑名從商。爵名從周。文名從禮。散名之加于萬物者。則從諸夏之成俗曲期。即禮官所守者。名之一端。所謂爵名也。莊周曰。春秋以道名分。（天下篇）葢頗有刑爵文。其散名猶不辯。五石六鶂之盡其辭。已榷略矣。且古之名家。考伐閱。程爵位。至于尹文。作爲華山之冠。表上下平。（莊子天下篇及注）而惠施之學去尊。（呂氏春秋愛類篇。匡章謂惠子曰。公之學去尊。今又王齊王。何其到也。）此猶老莊之爲道。與伊尹太公相塞。誠守若言。則名號替。徽識絕。朝儀不作。緜蕝不布。民所以察書契者。獨有萬物之散名而已。曲學以徇世。欲王齊王以壽黔首之命。免民之死。是施自方其命。豈不誖哉。自呂氏患刑（當作形）名異充。聲實異謂。既以若術別賢不肖矣。（呂氏春秋正名篇。）其次劉劭次人物志。姚信述士緯。魏文帝箸士操。盧毓論九州人士。（皆見隋書經籍志名家。）皆本文王官人之術。又幾反于爵名。（案魏志鄧艾傳注引荀綽冀州記曰。爰俞清貞貴素。辯於論議。采公孫龍之辭。以談微理。是魏晉閒自有散名之學。而世不傳。葢所趣在品題人物。不嗜正名辯物之術也。）然自州建中正。而世謂之姦府。浸以見薄。

注：三無性論說共關立名，立其期，舉世流布所立名字，皆共期契，所作欲令同作一解也。此即所謂成俗曲期。

刑名有鄧析傳之。李悝以作具律。杜預又革爲晉名例。其言曰。法者蓋繩墨之斷例。非窮理盡性之書也。故文約而例直。聽直而禁簡。例直易見。禁簡難犯。易見則人知所避。難犯則幾于刑厝。厝刑之本。在于簡直。故必審名分。審名分者。必忍小理。古之刑書。銘之鐘鼎。鑄之金石。所以遠塞異端。使無淫巧。今所注皆綱羅法意。格之以名分。使用之者執名例以審趣舍。伸繩墨之直。去析薪之理。晉書杜預傳。其條六百二十。其字二萬七千六百五十七。而可以左右百姓。下民稱便。惟其審刑名。按絫代法律。惟晉律爲平恕。今竟亡佚。亦民之無祿也。盡而不汙。過爵名遠矣。然皆名之一隅。不爲綱紀。老子曰。名可名。非常名。名者。莊周以爲化聲。孫卿亦云名無固宜。故無常也。然約定俗成則不易。可以期命萬物者。惟散名爲要。其他乃與法制推移。自惠施公孫龍名家之傑。務在求勝。其言不能無放紛。尹文尤短。察之儒。墨。墨有經上下。儒有孫卿正名。皆不爲造次辯論。務窮其柢。魯勝有言。取辯乎一物。而原極天下之汙隆。名之至也。墨翟孫卿近之矣。

凡領錄散名者。論名之所以成。與其所以存長者。與所以爲辯者也。名之成。始于受。

中于想。終于思。領納之謂受。受非愛憎不箸。取像之謂想。想非呼召不徵。造作之謂思。思非動變不形。本成唯識論所說。名言者。自取像生。故孫卿曰。緣天官。凡同類同情者。其天官之意物也同。故比方之疑似而通。是所以共其約名以相期也。以上正名篇文。此謂想隨于受。名役于想矣。又曰。心有徵知。徵知則緣耳而知聲可也。緣目而知形可也。然而徵知必將待天官之當簿其類然後可也。正名篇文。接于五官曰受。受者謂之當簿。傳于心曰想。想者謂之徵知。一接焉一傳焉曰緣。凡緣有四。識以所對之境爲所緣緣。五識與意識迭相扶助。互稱爲增上緣。凡境像名言義理方在意識。而能引續不斷。是有意根。故前識于後識爲等無間緣。一切心物之因。名曰阿賴耶識。爲因緣。增上緣者謂之緣耳知聲緣目知形。此名之所以成也。名雖成。藏于胷中久而不渝。浮屠謂之法。色聲香味觸。皆感受者也。感受之境已逝。其相猶在。謂之法。墨經曰。知而不以五路說在久。說曰。智者若瘧病之之於瘧也。上之字訓者。智以目見。而目以火見。而火不見。惟以五路知。句久讀不當以目見。句若以火。經下及經說下。此謂瘧不自知。病瘧者知之。火不自見。用火者見之。是受想之始也。受想不能無五路。及其形謝。識籠其象而思能造作。見無待于天官。天官之用亦若火矣。五路者若浮屠所謂九緣。一曰空緣。二曰明緣。三曰根緣。四曰境緣。五曰作意緣。六曰分別依。七曰染淨依。八曰根本依。九曰種子依。自作意而下。諸夏之學者不亟辯。汎號曰智。目之見。必有空明根境與智。耳不資明。鼻舌身不資空。獨目爲具五路。既見物已。雖越百旬。其像在。于是取之。謂之獨影。獨影者。知聲不緣耳。知形不緣目。故曰不當。不當者。不直也。是故賴名。曩令所受者逝。其想亦逝。即無所仰于名矣。此名之所以存也。泰始之名。有私名足也。思以綜之。名益多。故墨經曰。名。達。類。私。經上孫卿曰。萬物雖衆。有時而欲偏舉之。故謂之物。物也者。大共名也。有時而欲偏舉之。故謂之鳥獸。鳥獸也者。大別名也。正名若則騏騮騧驪爲私。馬爲類。畜爲達。獸爲別。物爲共也。有時而欲攝舉之。叢馬曰駟。叢人曰師。叢木曰林。叢繩曰網。浮屠以爲眾法聚集言論。瑜伽師地論十六說。下同。

孫卿曰。單足以喻則單。單不足以喻則兼。正名。人馬木繩。單矣。師駟林網。兼矣。有時而欲辨異舉之。以藥爲丸。其名異自和合起。如雀卵茹藘烏賊。合以爲丸。其藥各殊。其丸是一。以瓶爲敗瓦。其名異。自碎壞起。以轂爲便利。其名異。自轉變起。以金帶鉤爲指環。俄以指環爲金帶鉤。其名異。自加功起。浮屠以爲非常言論。孫卿曰。物有同狀而異所者。雖可合。謂之二實。有異狀而同所者。謂之化。有化而無別。謂之一實。正名此名之所以長也。諸同類同情者。謂之衆同分。其受想同。其思同。是以有辯。辯所依隱有三。墨經曰。知。聞。說。親。名。實。合。爲。說曰。知。傳受之。聞也。方不㢓。即障字。說也。身觀焉。親也。所以謂。名也。所謂實也。名實偶合也。志行。爲也。經上及經說上。親者。因明以爲現量。說者。因明以爲比量。聞者。因明以爲聲量。案傳受爲聞。故曰聲量。往古之事。則徵史傳。異域之狀。則察地志。皆非身所親歷。亦無術可以比知。其勢不能無待傳受。然印度諸宗。所甄獨在名理。故聲量唯取聖敎。亦名爲聖敎量。諸宗哲學。既非一軌。各持其聖敎量以爲辯。則違立敵共許之律。故自陳那以後。獨用現量比量。而聖敎量遂廢。若夫史傳地志。天下所公。則不得獨廢也。要之聖敎量者。特聲量之一端赤白者。所謂顯色也。方圓者。所謂形色也。宮徵者。所謂聲也。薰臭者。所謂香也。甘苦者。所謂味也。堅柔燥溼輕重者。所謂觸也。遇而可知。歷而可識。雖聖狂弗能易也。以爲名種。以身觀爲極。阻于方域。蔽于昏冥。縣于今昔。非可以究省也。而以其所省者。善隱度其未所省者。是故身有五官。官簿之而不諦審。則檢之以率。從高山下望冢上。木榕榕若箸。日中視日。財比三寸。盂且莫乃如徑尺。銅槃校以句股重差。近得其眞也。官簿之而不偏。則齊之以例。故審堂下之陰。而知日月之行陰陽之變。見瓶水之冰。而知天下之寒魚鼈之藏也。嘗一味肉而知一鑊之味一鼎之調。官簿之而不具。則儀之以物。故見角帷牆之端。察其有牛。飄風墮麴塵庭中。知其里有釀酒者。其形雖隔。其性行不可隔。以方不障爲極。有言蒼頡隸首者。我以此其有也。彼以此其無也。蒼頡隸首之形不可見。又無端兆足以擬有無。雖發冢得其骴骨。人盡有骨。何遽爲蒼頡隸首。親與說皆窮。徵之史官故記。以傳受之爲極。今辯者所持說。爾違親與聞。其辯亦不立。（違於親者。因明謂之現量相違。違於聞者。因明謂之世間相違。如言冰熱火寒。此現量相違者也。如未至天山。而言天山無有。此世間相違者也。）此所以爲辯者也。

辯說之道。先是其恉。次明其柢。取譬相成。物故可形。因明所謂宗因喻也。印度之辯。初宗。次因。次喻。（兼喻體喻依。）大秦之辯。初喻體。（近人譯爲大前提。）次因。（近人譯爲小前提。）次宗。其爲三支比量一矣。墨經以因爲故。其立量次第。初因。次喻體。次宗。悉異印度大秦。（如印度量。聲是無常。所作性故。凡所作者。皆是無常。喻如瓶。如大秦量。凡所作者皆無常。聲是所作。故聲無常。如墨子量。聲是所作。凡所作者皆無常。故聲無常。）經曰。故所得而後成也。說曰。

故。小故。有之不必然。無之必不然。體也。若有端。大故。有之必無然。案無是羨文。若見之成見也。夫分于兼之謂體。無序而最前之謂端。特舉爲體。分二爲節之謂見。皆見經上及經說上。本云。見。體。盡。說曰。見。時者。體也。二者。盡也。案時讀爲特。盡讀爲節。管子弟子職曰。堲之高下。乃承厥火。以堲爲燼。與此以盡爲節同例。特舉之則爲一體。分二之則爲數節。今設爲量曰聲是所作。因。凡所作者皆無常。喻體。故聲無常。宗。初以因因局故謂之小故。猶今人譯爲小前提者。無序而最前故擬之以端。次以喻體。喻體通故謂之大故。猶今人譯爲大前提者。此凡所作。體也。彼聲所作。節也。故擬以見之成見。上見謂體。下見謂節。因不與宗相剴切。故曰有之不必然。無因者。宗必不立。故曰無之必不然。喻體次因以相要束。其宗必成。故曰有之必然。驗墨子之爲量。固有喻體無喻依矣。何者。萬物無慮有同品。而奇觚者或無同品。以無同品則無喻。墨經曰。不可偏去而二。說在見與俱。一與二。廣與脩。經下。脩。舊誤循。諸有形者。廣必有脩。脩亦必有廣矣。云線有長無廣者。形學之亂。謂幾何原本。此語彌兒嘗駁之。墨子知其不偏去。侻也。固有有脩無廣者矣。騁而往。不彭亨而及。招搖無盡。不以鍼鏠鳥翮之寬。據方分。此之謂時。今欲成時之有脩無廣也。即無同品。雖然。若是者。豈直無喻依。固無喻體。（如云。凡有直往無旁及者。必有脩無廣。時是直往無旁及者。故時有脩無廣。然除時以外。更無有直往無旁及者。心量生滅。亦有旁延之境。乃至君統世系。不計旁及之處則可。不得謂無旁及。故初句喻體即不可說。）喻依者。以檢喻體而制其款言。因足以攝喻依。謂之同品定有性。負其喻依者。必無以因爲也。謂之異品徧無性。（並取因明論說。）大秦與墨子者。其量皆先喻體後宗。先喻體者。無所容喻依。斯其短于因明立量者。常則也。有時不可用三支。若墨經之駁仁內義外曰。仁愛也。義利也。愛利此也。所愛所利彼也。愛利不相爲外內。所愛利亦不相爲外內。其爲仁內也義外也。舉愛與所利也。是狂舉也。若左目出右目入。（經說下。）此以三支則不可說也。破人者有違宗。有同彼。有勝彼。（大毘婆沙論二十七所說。）亦無所用三支。何謂違宗。彼以物有如種極微也。（如種極微。今稱原子。）而忌言人有菴摩羅識。因言無相者無有。（此即近世唯物論說。無相。謂色聲香味觸皆不可得。非徒無形無色而已。）詰之曰。如種極微有相不。則解矣。何謂同彼。彼以異域之政可法也。古之政不可法。因言時異俗異。胡可得而法。詰之曰。地異俗異。可得法不。則解矣。何謂勝彼。彼以世多窕言也。謂言皆妄。詰之曰。是言妄不。則解矣。墨經曰。以言爲盡誖。誖。說在其言。（舊誤倒。經下。）此謂勝彼破也。

爲說者曰。三支不足以原物。故曰漆淖水淖。合兩淖則爲蹇。溼之則爲乾。金柔錫柔。合兩柔則爲剛。燔之則爲淖。或溼而乾。或燔而淖。類固不必可推知也。凡以說者。不若以親。案近世主經驗之論理學家多持此說。自智者觀之。親亦有絀。行旅草次之閒。得被髮魋服者。此親也。信目之諦。疑目之眩。將在說矣。眩人召圜案。圜案自垣一方來。即種瓜瓠。蔭未移。其實子母鉤帶。千人見之。且剖食之。親以目以口則信。說以心意則不信。遠視黃山。氣皆青。俛察海波。其白皆爲蒼。易位視之而變。今之親者。非昔之親者。墨經曰。法同則觀其同。法異則觀其宜。經上 親有同異。將以說觀其宜。是使親詘于說也。原物之質。聞不若說。說不若親。今有聞火浣布者。目所未覩。體所未御。以說又無類。因謂無火浣布。則人莫不然。謂之蔽錮。墨經曰。知其所以不知。以字當爲羨文。說在以名取。經下 此乃使親說交詘于聞也。凡原物者。以聞說親相參伍。參伍不失。故辯說之術奏。未其參伍。固無所用辯說。且辯說者。假以明物。誠督以律令則敗。夫主期驗者。任親。亟親之而言成典。持以爲椉。椉者。曰盡。莫不然也。必。不已也。墨經上。而世未有盡驗其然者。則必之說廢。今言火盡熱。非能徧拊天下之火也。拊一方之火。而因言凡火盡熱。此爲踰其所親之域。雖以術得熱之成。火所得火猶不徧。以是言凡火盡熱。誖。墨經通之曰。無窮不害兼。說在盈否知。不知其數而知其盡也。說在明者。（經下）則此言盡然不可知。比量成而試之信多合者。則比量不惑也。若是言凡火盡熱者以爲宗則不誖。以爲喩體猶誖。（宗者。所以測未來。故雖言凡火盡熱無害。喩體者。據已往之成效言之。已往未嘗徧驗天下之火。則言凡火盡熱。爲踰其所驗之境。）言必有明日者。以昨往有今。以絫昨往盡有今。擬儀之也。物固有斷則昨或不斷而今或斷。言必有明日者。是猶言人必有子姓。以說不比。以親即無徵。是故主期驗者。越其期驗。墨經說推類之難曰。此然是必然。則俱爲麋。（麋讀爲靡。經下及經說下。）此莊周所以操齊物夫。

明見　國故論衡下　章氏學

九流皆言道。道者彼也。能道者此也。白蘿門書謂之陀爾奢那。此則言見。自宋始言道學。理學心學皆分別之名。今又通言哲學矣。道學者局于一家。哲學者名不雅故。搢紳先生難言之。孫卿曰。愼子有見於後。無見於先。老子有見於詘。無見於信。墨子有見於齊。無見於畸。宋子有見於少。無見於多。天論 故予之名曰見者。是葱嶺以南之典言也。見無符驗。知一而不通類。謂之蔽。釋氏所謂倒見見取。誠有所見。無所凝滯。謂之智。釋氏所謂正見見諦。自縱橫陰陽以外。始徵藏史。至齊稷下。晚及韓子。莫不思湊單微。斟酌飽滿。天道恢恢。所見固殊焉。旨遠而辭文。言有倫而思循紀。皆本其因。不以武斷。今之所準。以浮屠爲天樞。往往可比合。然自雒闓諸師。比物儒書。傅之大乘。卒其所擬儀者。如可知。如不可知。如可象。如不可象。世又愈衰。文儒皆巧詆之。曰是固不可以合。夫終日之言。必有聖之法。百發之中。必有羿逢蒙之巧。自馬鳴無著皆人也。而九流亦人也。以人言道。何故不可合。有盈蝕而已矣。夫其俴者。印度諸文學。始有地水火風諸師。希

故眞諦所譯轉識論云阿梨耶識亦名宅識一切種子之所棲處亦名藏識一切種子隱伏之處

臧放焉。希臘自闥利史明萬物皆成於水。中夏初著書者即管子。管子亦云。水者。萬物之本原。諸生之宗室。集於天地。藏於萬物。產於金石。集於諸生。故曰水神。水地夫其簡者。莫不曰道不可卷握。視聽。不可有。不可言也。浮屠雖至精。其言何擇。俴且簡者即有同。博約淖微之論。寧一切異耶。要舉封界。言心莫眇於孫卿。言因莫遠於莊周。言物莫微於惠施。列子所言。亦往往有合。然其書疑漢末人依附劉向敍錄爲之。故今不舉。

孫卿曰。人生而有知。知而有志。志也者。藏也。然而有所謂虛。不以已藏害所將受謂之虛。心生而有知。知而有異。異也者。同時兼知之。同時兼知之。兩也。然而有所謂一。不以夫一害此一。謂之壹。心臥則夢。偷則自行。使之則謀。故心未嘗不動也。然而有所謂靜。不以夢劇亂知謂之靜。解蔽藏者。瑜伽師所謂阿羅耶識。此從眞諦譯。眞諦又譯阿梨耶。玄奘則譯阿賴耶。今審其音。以阿羅耶爲正。本作आलय玄奘譯義爲藏識。校其名相。亦可言處。亦可言藏。當此土區宇之義。如山名希鬘羅耶。हिमालय希摩爲雪。阿羅耶爲處。合之爲希鬘羅耶。譯言雪處。亦得譯爲雪藏。又凡人所居室。竝以阿羅耶名。謂其能藏所藏執藏持諸種。故爲能藏矣。受諸熏。故爲所藏矣。任諸根。故爲執藏矣。若圜府然。鑄子母之錢以逮民。民入稅。復以其錢效之圜府。圜府握百貨輕重。使無得越。故謂之藏。能藏所藏。書之所謂志也。志即記志之志。而藏識者無覆。成唯識論。無覆故不以已藏害所將受。異者瑜伽師所謂異熟。異熟有三。孫卿之言。當異類而熟也。以藏識持諸種。引以生果。名異熟識。而六識名異熟生。異類而熟。官有五根。物有五塵。故知而有異。凡人之知。必有五偏行境。謂之觸、作意、受、想、思。見解原名。五偏行者。與阿羅耶識相應。當其觸受色聲香味觸。可以同時兼知也。驗之燕游飲食者。持觴以手。歠之口。臭之鼻。外接技樂歌兒。物其儀容。聞其奏誦。則耳目兼役。之五者輻湊以至於前。五官同時當簿其物。雖異受。大領錄之者意識也。內即依于阿羅耶識。不愆期會。與之俱轉。故曰不以夫一害此一。瑜伽師地論五十一云。云何建立阿賴耶識與轉識等俱轉轉相。謂阿賴耶識。或於一時唯與一種轉識俱轉。所謂末那。何以故由此末那我見慢等恆共相應思量行相。若有心位若無心位常與阿賴耶識一時俱轉。緣阿賴耶識以為境界。執我起慢思量行相。或於一時與二俱轉。謂末那及意識。或於一時與三俱轉。謂五識身隨一轉時。或於一時與四俱轉謂五識身隨二轉時。或時乃至與七俱轉。謂五識身和合轉時。如諸心所法。雖諸心所法性無有差別。然相異故。於一身中一時俱轉。互不相違。如是阿賴耶識與俱轉識。於一身中一時俱轉。當知更互亦不相違。又如於一瀑流。有多波浪一時而轉。互不相違。又如於一清淨鏡面。有多影像一時而轉。互不相違。如是於一阿賴耶識。有多轉識一時俱轉。當知更互亦不相違。又如一眼識。於一時間。於一事境。唯取一類無異色相。或於一時頓取非一種種色相。如眼識於衆色。如是耳識於衆聲。鼻識於衆香。舌識於衆味亦爾。又如身識。或於一時頓取非一種種觸相。如是分別意識。於一時間或取一境相或取非一種種境相。當知道理亦不相違。按五偏行境。要至想位。方有時期先後。同時不得容兩想矣。觸作意受。同時得容種種諸覺。非特阿羅耶識爲然。即在意識亦爾。今世言心理學者。於此多不能解。不悟五偏行境。前三如面。意識與五識偕行。後二如線。獨任意識。故前三有同時俱覺。後二無同時俱覺。今人旣不知有阿羅耶識。又不知有五識。獨以意識擅識之名。無五識身而意識可以同時俱覺。宜其困於辭說矣。莊周亦云。心無天游。則六鑿相攘。外物游者。旌旗之流。流雖多。一屬於縿。謂之天游。指縿以擬阿羅耶。指流以擬六識。無阿羅耶。則六根六識相紛挐。斯執藏之說已。凡意之起。有定中獨頭意識者。有散位獨頭意識者。有夢中獨頭意識者。有明了意識者。有亂意識者。獨頭意識。謂不與五識俱轉。明了意識。即與五識俱轉。夢中獨頭意識。書之所謂夢也。散位獨頭意識。書之所謂謀與自行也。心也者。出令而無所受令。故有自禁自使自奪自取自行自止。解蔽當其自使。則有所慮畫會計。謂之謀。偸而不自使。又不自禁。如縱蝯之在林者。動躁不息。處則思佚蕩。手足蝡蝡。無所制。謂之自行。按此即近人所謂盲動直動。然而阿羅耶識善了別。成唯識論。意識有以夢劇亂。是則無亂。按荀子言心。兼阿羅耶意識。此則其未析處。彼以阿羅耶識爲依。足以知道。馬鳴有言。心眞如相。示大乘體。心生滅相。示大乘自體相用。大乘起信論。此之謂也。故曰未得道而求道者。謂之虛壹而靜。作之則將須道者之虛。虛則入。將事道者之壹。壹則盡。將思道者之靜。靜則察。（解蔽。舊有誤。從讀書雜志校。）作之者。彼意識也。意識有枝有傾有貳。不恆虛壹靜。能虛壹靜。若則足以體道。（按道者即道。猶之言道體耳。雜志以道者爲道人。非是。）孫卿又曰。心也者。道之工宰也。道也者。治之經理也。（正名）其能知八識者矣。生之所以然者謂之性。性之和所生。精合感應。不事而自然謂之生。（此句性字生字舊誤倒。）性之好惡喜怒哀樂謂之情。情然而心爲之擇謂之慮。心慮而能爲之動謂之僞。慮積焉能習焉而後成謂之僞。（正名）心者。兼阿羅耶與意識。性者爲末那。末那有覆（成唯識論。）執我以起慢。謂之惡之本。故曰性惡。而心非惡非非惡。故爲道工宰。生之所以然者謂之性。斷性則無生。（即釋氏所謂斷四煩惱也。）不然。則有禮義法度化性而起僞者。使我見伏。弗能使我見斷。（按孫卿言性。指生之所以然者。故謂之惡。世人言性無善無惡者。即以心體爲性。由其所指之性有異。故立說有殊。其實非有異也。言性善者則反矣。）持世之言。徵諸此。陳義則高。經事則庳。此亦孫卿之所短也。

莊周說萬物之聚散。始于黜帝。中于緣生。卒于斷時。黜帝者。先徵諸物。故曰言之所盡。知之所止。極物而已。覩道之人。不隨其所廢。不原其所起。此議之所止。季眞之莫爲。接子之或使。在物一曲。夫胡爲於大方。（則陽）莫爲者。萬物皆自生。或使者。本諸造物。萬物。物也。造物者非物邪。孰指尺之者。無指尺則無驗。是狂舉也。造物者物邪。且復有造之者。如是則無窮。故言有帝者兩不立。烏不日黔而黑。鵠不日浴而白。無因之論。（按印度無因論師。亦言孔雀種種綵目光明可愛。皆自然生。）所以黜帝也。推而極之。無物不然。無物不可。萬物皆種也。以不同形相禪。始卒若環。莫得其倫。（寓言）則萬物皆遞化矣。（此即達爾文生物進化之說。亦近數論細身輪轉之說。）生也死之徒。死也生之始。（知北游）則萬物皆輪轉矣。（此即輪回之說。白蘿門莊子柏剌圖皆同。非獨釋氏也。）然則權說以黜帝也。未能過物。故設有待之對。仲尼曰。萬物有待也而死。有待也而生。吾一受其成形而不化以待盡。（田子方）景之諭罔兩曰。吾有待而然者耶。吾所待又有待而然者耶。吾待蛇蚹蜩翼耶。（齊物論）彼其有待。浮屠謂之十二緣生。緣生始無明。卒之生死。然無明復由生時覆障。從是尋責。始生以後。異熟責前異熟。異熟之初不可盡。所待亦與爲不可盡。待可疑也。故曰莫知其所終。若之何其無命也。莫知其所始。若之何其有命也。（寓言）若然。始者果不可知。即萬論若兎角牛翼矣。是故爲設泰初。泰初有無。

無有無名。一之所起。有一而未形。物得以生謂之德。未形者。有分且然無間謂之命。留動而生物。物生成理謂之形。形體保神各有儀則謂之性。性修反德。德至同於初。同乃虛。虛乃大。合喙鳴。喙鳴合。與天地爲合。其合緡緡若愚若昏。是謂玄德同乎大順。天地 則此言德者如也。雖物亦如也。如不自生于如而有無明。自視若兩。是故有所得而生矣。浮屠謂之共無明。有所得是故有分。浮屠謂之不共無明。有分爲物。是故有理。浮屠謂之界。亦曰種子。依阿羅耶。若惡叉聚。本成唯識論。地水火風空時方我皆界也。然則有德有分未有時也。物生成理則有時。案始有相。相又有名。謂之喙鳴。名者。聲之音均詘曲。成唯識論。以是命相。若終古無名者。即道無由以入。本其有名。故與天地合。浮屠志之曰。若知一切法雖說無有能說可說。雖念亦無能念可念。是名隨順。大乘起信論。而莊周亦謂之大順。性修反德。德至同於初。謂之合喙鳴。覺者之言與不覺者之言。非有異也。浮屠有言。希有陀羅尼者。過諸文字。言不能入。心不能量。所以者何。此法平等。無高無下。無入無出。無一文字從外而入。無一文字從內而出。無一文字駐此法中。亦無文字共相見者。（大般若經五百七十二。）故曰其合緡緡。若愚若昏。是謂玄德。同乎大順矣。雖假設泰初者。亦隨順言說。已彼物不生。彼理不成。烏得有泰初。夫未成乎心。無是非。（齊物論。）未成乎心。亦不得有今故。故曰天籟者。吹萬不同。而使其自已。且莫得此。其所由以生。（齊物論。）知旦莫之所生。起於人心分理。至矣。不可以加矣。爲說者曰。有一有德有命有物有形。皆因與果也。有因果者。必有第次。時若未生。何由以施因果。浮屠小乘通之曰。諸法於世轉時。由位有異。非體有異。如運一籌。置一位名一。置十位名十。置百位名百。雖歷位有異。而籌體無異。如是諸法經三世位。雖得三名。而體無別。以依作用立三世別。（大毘婆沙論七十七。）此謂以作用故有時。非以時故有作。猶不決。大乘通之曰。因與果者。如稱兩頭。氐卬時等。（成唯識論。）今物在衡一端。一端重故俛。俛故彼一端仰。以此俛故彼仰。俛者爲因。仰者爲果。然俛仰非異時。故雖無時而有因果。謂之恆轉。恆者不斷。轉者不常。夫世人亂於暗醷之物彊陽之氣。不知其反。聖人者。兼愛之。故兼覺之。雖然。宇之所際。宙之所極。有窮則可盡。無窮則不可盡。有窮無窮未可知則可盡不可盡未可知而必人之可盡愛也誖。墨子釋之以爲無窮不害兼。（經說上下）。其義不究。故設未有天地之間。由第一義計之。無古無今無始無終。三世者非實有也。由世俗計之。古猶今也。時不盡。故聖人之愛人終無已者。亦乃取於是者也。（知北遊）。浮屠所謂攝化衆生盡於未來。（大乘起信論）。雖然。莊周方內之聖哲也。因任自然。惟恆民是適。不務超越。不求離繫。故曰若人之形。萬化而未始有盡。樂不勝計。（知北遊）。雖足以斥神仙輕生死。若流轉無極何。此亦莊周之所短也。

惠施麻物之意。莊周曰。其道舛駁。其言也不中。又毀其徒謂之飾人之心。易人之意。能勝人之口。不能服人之心。觀其所述。惠施持十事。辯者與惠施相應。持二十一事。（天下）辯者之言。獨有飛鳥鏃矢尺棰之辯。察明當人意。目不見指不至輪不蹍地亦幾矣。其他多失倫。夫辯說者。務以求眞。不以亂俗也。故曰狗無色可。云白狗黑則不可。名者。所以召實。非以名爲實也。故曰析狗至于極微則無狗可。云狗非犬則不可。觀惠施十事。蓋異于辯者矣。本事有十。約之則四。四又爲三。一事。至大無外。謂之大一。

至小無內。謂之小一。又曰。無厚不可積也。其大千里。此故爲自牾以見趣也。大未有不可斥。小未有不可分。雖無利器致之。校以算術可知也。諸在形者。至小爲點。白蘿門書謂之頻度。[illegible]引點以爲線。謂之彤佉。[illegible]比線以爲面。謂之娑摩角那。[illegible]倍面以爲體。謂之瀚伽。[illegible]點者。非自然生。猶面之積已。故因而小之。點復爲體。謂之小一可也。點復可析。絫下而點無盡。以爲無內非也。因而鉅之。體復爲點。謂之大一可也。體復可倍。絫上而體無盡。以爲無外非也。今夫言極微者。順世勝論以爲無方分。無方分者。謂之因量極微。極微著見爲子微。以爲有方分。有方分者。謂之果色極微。前者今通言原子。後者今通言分子。。果色極微。書之所謂小一也。因量極微。書之所謂無厚也。浮屠難之曰。誠無方分。日光照柱。何故一端有蔭。承光發影。必有方分明矣。有方分者。則有上下四極。是爲六際。一不爲六。六不爲一。以六爲一。不可。約瑜伽師地論佛性論成唯識論說。惠施固知之。言無厚不可積。又稱其大千里。不可積者。尙無杪忽。安得千里哉。要以算術析之。無至小之倪。故尺度無所起。於無度立有度。是度爲幻。度爲幻。即至大與至小無擇。而千里與無厚亦無擇。白蘿門書道瓢末नभस्之空。與特蘿驃द्रव्यः之實相受。瓢末今此爲空間眞空。特蘿驃今此爲實。瓢末分刌節度不可量。故特蘿驃分刌節度亦不可量。若畫工爲圖矣。分閒布白。稞來調之。使無高下者而有高下。使無窒突者視之窒突。故曰天與地卑。卑借爲比。山與澤平。是分齊廢也。我知天下之中央。燕之北越之南是也。是方位廢也。南方無窮而有窮。是有際無際一也。連環可解。是有分無分均也。二事。日方中方睨。物方生方死。諸言時者有過去見在未來。過去已滅。未來未生。其無易知。而見在亦不可駐。時之短者莫如竭沙那。舊譯剎那。按文本作क्षण。舊譯簡爾。而竭沙那非不可析。雖析之勢無留止。方念是時。則已爲彼時也。析之不可盡而言有時。則是于無期立有期也。勢無留止。而言是時。則彼是無別也。故雖方中方睨。方生方死可。諸有割制一期命之以今者。以一竭沙那言今可。以一歲言今猶可。方夏言今歲。不遺春秋。方禺中言今日。不遺旦莫。去者來者皆今也。禺中適越。餔時而至。從人定言之。命以一期。則爲今日適越矣。分以數期。則爲昔至越矣。以是見時者唯人所命。非有實也。按今日適越而昔來。齊物論作今日適越而昔至。是來訓至也。三事。大同而與小同異。此之謂小同異。萬物畢同畢異。此之謂大同異。物固無畢同者。亦未有畢異者。浮屠之言曰。從一青計之。以是青爲自相。以凡青爲共相。青同也。以凡青爲自相。以赤白黃紫爲共相。顯色同也。以顯色爲自相。以聲香味觸爲共相。色聚同也。色聚之色。謂諸有對者皆名爲色。以色聚爲自相。以受想行識爲共相。法同也。本成唯識論述記說。無畢同。故有自相。無畢異。故有共相。大同而與小同異。此物之所有。萬物畢同畢異。此物之所無。皆大同也。故天地一體。一體故氾愛萬物也。惠施之言。無時無方無形無礙。萬物幾幾皆如矣。椎擣異論。使齏粉破碎。己亦不立。唯識之論不出。而曰萬物無有哉。人且以爲無歸宿。故天命五德之論斬而復孽。已雖正。人以爲奇侅。騶子南公雖僻違。人顧謂之眇道。按騶衍深疾公孫龍之論。蓋陰陽家與名家相忌也。延及漢世。是非錯盤矣。漢世經師。牽兼陰陽。名家之傳遂絕。此亦惠施之所短也。

尚考諸家之見。旁皇周浹。足以望先覺。與宋世鞅掌之言異矣。然不能企無生而依違不定之聚者。爲其多愛。不忍天地之美。雖自任犀利。桀然見道。猶躊躇滿志則未也。印度雖草昧。世。㚘渴吠陀主有神。已言其有無明。不自識知。從欲以分萬類矣。按印度舊教本有神。而與猶阿羅比耶言有神者絕異。彼以造物歸美于神。此以造物歸過於神。故吠檀多家得起汎神之說。異夫二教之諂曲也。其後明哲閒生。至于浮屠。雖精疏殊會。其以人世幻化一也。中夏唯有老子。明天地不仁。以萬物爲芻狗。猶非惡聲。按老子本言失德而後仁。是不仁非惡名也。高者獨有隨化。不議化之非。固稍庳下。莊周所錄。惟卜梁倚爲大士。周數稱南郭子綦言吾喪我。則是入空無邊處定也。大毗婆沙論八十四云。法爾初解脫色地名空無邊處。依等流故。說此定名空無邊處。謂瑜伽師從此定出。必起相似空想現前。曾聞苾芻出此定已。便舉兩手捫摹虛空。有見問言。汝何所覓。苾芻答曰。我覓自身。彼言汝身即在牀上。如何餘處更覓自身。此即吾喪我之說。其師女偊自言。無聖人才。有才者獨卜梁倚。守而告之。參日外天下。七日外物。九日外生。已外生矣。而後能朝徹。朝徹而後能見獨。見獨而後能無古今。無古今而後能入於不死不生。大宗師。此其在遠行地哉。案外天下至于外生。則生空觀成矣。朝徹見獨至于無古今。則前後際斷。法空觀成矣。凡二乘皆有生空觀。無法空觀。大乘有法空觀者。非至七地。猶未能證無生。此既成法空觀。又入於不死不生。故知爲七地爾。又彼下云。其爲物無不將也。無不迎也。無不毀也。無不成也。其名爲攖寧。攖寧者。攖而後成者也。所謂物者。謂如來藏。隨順法性。故無不將迎。一切染法不相應。故無不毀。究竟顯實。故無不成。依本覺有不覺。依不覺有始覺。故攖而後成。晉宋古德。壹以莊周傅般若。誠多不諦。隋唐諸賢。必謂莊氏所言悉與大小乘異。亦爲不稱。如其所述卜梁倚事。雖欲立異。何可得耶。子綦既不逮。莊周亦無以自達。惜夫。

然七國名世之流。其言揮綽。下本之形魄。其上至于無象。卒未有言氣者。言氣多本之陰陽神仙醫經之說。非儒道名法所有。道家書可見者。今尙有列子。而天瑞篇有太素等名。又云易變爲一。一變爲七。七變爲九。皆近易緯之說。晚周道家必不爲此沾滯之論也。故疑列子本書已亡。今本乃漢末人所僞作。又淮南亦依託道家。尤多言氣。此所以異於晚周。淮南鴻烈。兼說莊子。文選入華子岡詩注引淮南王莊子略要曰。江海之士。山谷之人。輕天下細萬物而獨往者也。司馬彪曰。獨往。任自然。不復顧世也。按據經典釋文。司馬彪所注莊子五十二篇。視郭象多十九篇。乃七略之舊。蓋淮南爲莊子略要。即爲襍篇之一。故彪得注之也。今其書已不傳。自漢任陰陽之術。治易者與之糅。中間黃巾祭酒之書浸以成典。訖于宋世。儒者之書盈篋。而言不能舍理氣。適得土苴焉。

辨性上

國故論衡下　章氏學

萬物皆無自性。黃壚大海爟火飄風。則心之蔭影也。公孫尼子曰。心者衆智之要。物皆求於心。（意林及御覽三百七十六引。）其言有中。無形而見有形。志與形相有則爲生。生者於此。生之體於彼。說緣生者。假設以爲性。而儒者言性有五家。無善無不善。是告子也。善是孟子也。惡。是孫卿也。善惡混。是楊子也。善惡以人異。殊上中下。是漆雕開世碩公孫尼王充也。（此即韓愈三品之說所本。）五家皆有是。而身不自明其故。又不明人之故。務相斬伐。調之者又兩可。獨有控名責實。臨觀其上。以析其辭之所謂。然後兩解。人有八識。其宗曰如來藏。以如來藏無所對。奄忽不自知。視若胡越。則眩有萬物。物各有其分職。是之謂阿羅耶。阿羅耶者。藏萬有。既分。即以起末那。末那者。此言意根。意根常執阿羅耶以爲我。二者若束蘆相依以立。我愛我慢由之起。意根之動。謂之意識。物至而知接。謂之眼耳鼻舌身識。彼六識者。或施或受。復歸於阿羅耶。藏萬有者。謂之初種。六識之所歸者。謂之受熏之種。諸言性者。或以阿羅耶當之。或以受熏之種當之。或以意根當之。公孫龍曰。謂彼而彼不唯乎彼。則彼謂不行。謂此而此不唯乎此。則此謂不行。名實論。由是相伐。孫卿曰。生之所以然者謂之性。夫意根斷則阿羅耶、不自執以我。復如來藏之本。若是即不死不生。生之所以然者。是意根也。孟子雖不言。固弗能異。意根當我愛我慢。有我愛故貪無厭。有我慢故求必勝於人。貪即沮善。求必勝於人。是審惡也。孫卿曰。從人之性。順人之情。必出於爭奪。合於犯分亂理而歸於暴。斯之謂惡。我見者。知人人皆有我。知之故推我愛以愛他人。雖非始志哉。亦不待師法教化。孟子曰。今人乍見孺子將入井。皆有怵惕惻隱之心。是審善也。極我慢者。恥我不自勝。於我而分主客。以主我角客我。我本無自性。故得如是。按瑜伽師地論十二云。勝有五種。一形奪卑下。故名爲勝。謂如有一以己勝上工巧事形奪他人置下劣位。二、制伏羸劣。故名爲勝。謂如有一以己強力摧諸劣者。三、能隱蔽他。故名爲勝。謂瓶盆等能有覆障。或諸藥草呪術神通有所隱蔽。四、厭壞所緣。故名爲勝。謂厭壞境界。捨諸煩惱。五、自在回轉。故名爲勝。謂世君王隨所欲爲處分臣僕。按第一二五種勝。皆以我慢慢人。第四種勝。是以我慢自克。厭壞所緣者。五識以五塵爲所緣。意識以一切名相爲所緣。意根則以我爲所緣。自以勝人。亦不自勝也。勝之則勝人之心解。孫卿謂之禮義。義即今儀字。辭讓是無惡也。夫推之極之。皆後起。弗可謂性。然而因性以爲是。不離其樸。是故愛之量短而似金椎。慢之量缺而似金玦。鎔之引之。不異金而可以爲環。孟子以爲能盡其材。斯之謂善。大共二家皆以意根爲性。意根一實也。愛慢悉備。然其用之異形。一以爲善。一以爲惡。皆踦也。我愛我慢。可以爲善。可以爲惡。故唯識頌謂意根爲無記。二家則分言之。悲孺子者。閔人而皆是能自勝者。率土而不聞。則孟孫不相過。孟子以不善非才之罪。孫卿以性無善距孟子。又以治惡比於烝矯礱厲。悉蔽於一隅矣。方苞舉元凶劭柳璨臨刑時語。以證人性本善。此不足證也。善與知善有異。人果受學。雖有惡性。亦知善惡之分。劭固好讀史傳。而璨且著析微以正史通。爲時所稱。寧當不明人倫之義忠孝之敎。即當其弒父負國之時。已自知凶頑無比覆載不容矣無待臨刑也。知而爲之。不足證其性善。但足證其智明耳。告子亦言生之謂性。夫生之所以然者謂之性。是意根也。即生以爲性。是阿羅耶識也。阿羅耶者。未始執我。未始執生。不執我則我愛我慢無所起。故曰無善無不善也。雖牛犬與人者。愚智有異。則種子之隱顯殊耳。彼阿羅耶何以異。以匏瓜受水。實自匏瓜也。雖其受酒漿。非非匏瓜也。孟子不悟己之言性與告子之言性者異實。以盛氣與之訟。告子亦無以自明。知其實。不能舉其名。故辭爲之詘矣。楊子以阿羅耶識受熏之種爲性。夫我愛我慢者。此意根之所有。動而有所愛有所慢。謂之意識。意識與意根應。愛慢之見。熏其阿羅耶。阿羅耶即受藏其種。更迭死生。而種不焦敝。前有之種。爲後有之增性。故曰善惡混也。夫指窮於爲薪而火不知其盡。形氣轉續。變化相嬗。故有忽然爲人。（忽然猶言暫爾。非謂無因而至也。）亦有化爲異物。輪轉之說。莊生賈誼已知之矣。楊子不悟阿羅耶恆轉。徒以此生有善惡混。所以混者何故。又不能自知也。漆雕諸家。亦以受熏之種爲性。我愛我慢。其在意根。分齊均也。而意識用之有偏勝。故受熏之種有強弱。復得後有。即仁者鄙者殊矣。雖然。人之生未有一用愛者。亦未有一用慢者。慢者不過欲盡制萬物。物皆盡則慢無所施。故雖慢猶不欲盪滅萬物也。愛者不過能近取譬。人搤我咽。猶奮以解之。故雖愛猶不欲人之加我也。有偏勝則從所勝以爲言。故曰有上中下也。夫塵埃掩覆則昏不見泰山。建絳帛萬端以圍尺素。則白者若赤。物固有相奪者。然其質不可奪。漆雕之徒不悟。而偏執其一至。以爲無餘。亦過也。

問曰。善惡之類衆矣。今獨以誠愛人爲審善。我慢爲審惡。何也。答曰。審諦眞一實也。與僞反。僞善有數。利人者欲以納交要譽。一也。欲以生天。二也。欲以就賢聖。三也。欲以盡義。四也。盡義之說有二。出乎心所不能已者爲眞。以爲道德當然而爲之者爲僞。此指後說。此皆有爲。韓非之解老曰。義者。謂其宜也。宜而爲之。故曰上義爲之而有以爲也。夫三僞固下矣。雖以盡義。猶選擇爲之。計度而起。不任運而起。故曰僞。誠愛人者無所爲。韓非之解老曰。仁者。謂其中心欣然愛人也。其喜人之有福而惡人之有禍。生心之所不能已。非求其報。不求報則異於前三僞。心所不能已。則異於後一僞。故曰上仁爲之而無以爲也。無以爲者。任運而起。不計度而起。故謂之審。德意志人有簫賓霍爾者。蓋知其端兆矣。知有僞善。顧不知有僞惡。其極且以惡不可治。夫有爲而爲善。謂之僞善。若則有爲而爲惡者。亦將謂之僞惡矣。今人何故爲盜賊姦邪。是饑寒迫之也。何故爲淫亂。是無所施寫迫之也。何故爲殘殺。是以人之隳我聲譽權實迫之也。雖既足而爲是者。以其志猶不足。志不足。故復自迫。此其爲惡。皆有以爲者。是故予之僞惡之名。僞者、謂心與行非同事。雖心行皆非善、而意業與方便異。故曰僞。然而一往勝人之心。不爲聲譽權實起也。常人之弈棋者。趣以卒日。不求籌進。又非以求善弈名也。當其舉棋。攻劫放捨。則務於求勝。常人之談說者。非欲以口舌得官及以就辯士之名也。其所談說。又內無繫於己。外不與於學術政敎也。說而詘必辯。辯而不勝必爭。人有猝然橫逆我者。妄言罵詈。非有豪毛之痛也。又非以是喪聲譽權實。當其受詈。則忿心隨之。此爲一往勝人之心。無以爲而爲之。故予之審惡之名。審善惡者。浮屠以爲用性作業。僞善惡者。浮屠以爲用欲作業。見大智度論八十八。以審善惡徧施於僞善惡。以僞善惡持載審善惡。更爲增上緣。則善惡愈長。而亦或以相消。精之醇之。審善審惡。單微一往而不兩者。於世且以爲無記。是故父子相保。言者不當一匡之仁。局道相斫。見者不擬略人之惡。及爲羣衆。其分又彌異。大上使民無主客尊卑。以聯合驩。以調海內。其次善爲國者。舒民之慢。無奪民之愛。舒慢故尊君之義日去。其尊嚴國體亦愈甚。無奪愛故不苛人之隱曲也。且國者本以慢生。故武健勝兵者爲右。而常陵轢弱小。殺敵致果。易之則爲戮。故審惡且爲善。而審善又且爲惡。諸自有國以後者。其言善惡。非善惡之數也。凡善惡之名。因人而起者。分之則有眞意惡。僞善惡。因國而起者。其善非善。其惡非惡。或且相背馳矣。有對於其國之所行。可稱爲善爲惡者。則取人爲單位。他不復計。　夫僞善惡易去。而審善惡不易去。人之相望。在其施僞善。羣之苟安。

注　此土莊生亦或病此。惟支遁說消搖有異。劉系之等談消搖篇。云各適性以爲消搖。遁曰不然。夫桀跖以殘害爲性。若適性爲得者。彼亦消搖矣。莊生辭趣華深。正言若反。遁之所言。我會微旨。

待其去僞惡。彼審惡者。非善所能變也。善兼審善僞善言之。審善或與審惡相調。令審惡不易現行。如朋友相親。則伏我慢也。僞善亦或與審惡相調。令審惡不易現行。如懼有死亡之禍。則不敢犯分陵人也。然審惡亦或能對治僞惡。如自貴其身。則不肯苟取臧私也。審善亦或能現起僞惡。如貧者養親。則盜鄰家之孰麥也。要之以審善伏審惡。其根不可拔。以審惡對治僞惡。以審善現起僞惡。則其流變無窮矣。然而僞惡可以僞善去之。僞之與僞。其勢足以相滅。今夫以影蔽形。形不亡。以形蔽形。形猶若不亡。以影蔽影。則影自亡。如息樹下者以有樹影故無人影。非人影爲樹影所障。乃其時實無人影也僞與眞不相盡。雖兩眞猶不相盡。而僞與僞相盡。且僞善者。謂其志與行不相應。行之習能變其所志。以應於行。又可以爲審善。何者。以人性固可以愛利人。不習則不好。習焉而志或好之。若始學者。志以求衣食。習則自變其志以求眞諦。以人性固憙知眞諦。此由我見所推而成。故得其嗜味者。槁項食淡攻苦而不衰。是故持世之言。以僞善羑道人。雖浮屠猶不廢。簫賓霍爾不悟。以爲惡不可治。善不可勉以就。斯過矣。善惡實無自性。故由僞善亦可以致審善。簫賓霍爾未悟斯義。遂局于自然之說。惡之難治者。獨有我慢。雖爲臺隸。擎跽曲拳以下長者。固暫詘耳。一日衣裘壯麗。則奮矜如故。人有恆言。以爲善佞諛人者。亦善陵人。亦有量人窮通。調度高下者。爲之而有以爲。猶僞惡也。爲之而無以爲。橫計

注

韓康伯辯謙曰。至理在乎無私。而動之於降己者何。誠由未能一觀於所詡。則貴賤之情立。非忘懷於彼我。則私己之累存。當其所貴在我則矜。值其所賤能之則伐。是以知於貴之傷德者。故宅心於卑素。措勝物之心。理者。故情存乎不二。

惟此患於外。亦所以洗心於內也。斯與韓非之義精殊。然固以謙讓之道。本在自厲。非濫世偽為之。其　七日桐依。

勝劣。以施毀譽。今遠西多有此病。對于强者富者貴者則譽不容口。對于弱者貧者賤者。則一切下視之。而己非必有求于所譽者也。其强其富其貴。或過于所譽者。故曰爲之而無以爲　即其惡與慢準。惟慢爲能勝慢。何者。能勝萬物而不能勝我。猶孟賁舉九鼎不自拔其身。力士恥之。彼憂苦者我也。淫湎者我也。懈惰者我也。矜夸者我也。傲睨者我也。而我弗能挫衄之。則慢未充。是故以我慢還滅我慢。謂之上禮。韓非之解老曰。衆人之爲禮。以尊他人。故時勸時衰。君子爲禮。以尊其身。故神之爲上禮。上禮神而衆人貳。上禮者。不以尊卑貴賤異禮也。不可爲國。故衆人貳。　故不能相應。衆人雖貳。聖人之復恭敬盡手足之禮也不衰。故曰攘臂而仍之。上禮與諂何異哉。假令平人相遇。無强弱貧富貴賤之校者。跪拜以送之。頌說以譽之。芬香以獻之。鞠躬翼戴。比于臣僕。雖似諂則謂之長德也。諂者計勝劣。上禮者無勝劣之計。故正勢而行謂之諂。正節而行謂之上禮。韓子解老。說上禮與禮異。凡君臣之禮。亦諂之類也。故曰禮者。忠信之薄而亂之首也。上禮則異是。　上禮者固以自爲。惟孔子亦曰克己復禮。浮屠有忍辱。皆自勝也。持戒精進亦由自勝生。持戒以勝淫湎。精進以勝懈惰。禪定亦由自勝生。以勝憂苦。　卒言其極。非得生空觀。慢不滅。善之不可滅者。獨有誠愛人。雖食肉之獸不絕也。擴而充之。又近僞善矣。知萬物爲一體。其充生于不能已者。善之至也。至于無生。而善復滅矣。

問者曰。世之高士。不降其志。不辱其身。齊有餓人者。聞嗟來則不食。魯有臧堅者。刑人弔之。以杙抉其創死。此爲以我慢伏我愛。未審善也。而前修以爲卓行。今宜何論。

應之曰。高士者。亡貴其慢。貴其寡情欲。諸有我見者。即有我所有法。身亦我所有法也。攝受于身者。卒之攝受于我。以愛我故愛我所有。淫聲色。溽滋味。有之不肯去。無之而求給。則賊人所愛。慢又助之。歆色者且欲妻宓妃。歆聲者欲使白虎鼓瑟蒼龍吹箎。雖不可得。猶有欲求也。幾可以得之者。無挹損人。可得哉。治以工宰。工宰又愈賊人。如因政府。又起賦稅諸法其流無已。彼高士者。以我慢伏我愛。我慢量少。伏我愛之量多。短長相覆。是故謂之卓行。大上有許由務光之讓王。其次不臣天子不友諸侯。內則勝貪。外之使人知工宰爲世賊禍。足以儀法。其德辟惡。其業足以辟增上惡緣。世之言卓行。不惟審善。雖辟惡亦與焉。故阿魏非香也。臭之不可于鼻。用足以辟諸腐臭。故準之香。自由光而下者。雖有少慢。其辟惡固優矣。精潔如由光。又無慢者。非阿魏之比。而犀角之比犀角食之無益人。不得與上藥數。以其辟毒。則準之上藥。是故諸辟惡者。不爲審善。以伏審惡。則字之曰準善。餓人臧堅。視由光已末矣。其慢猶少。其伏我愛猶多。誠未淸淨。若白練有小點者。世無大士。則高士爲其甲。若夫不忍貨財妃匹之亡而自貍以爲快者。其愛我所有法甚。其愛我亦愈甚。不遂故自賊。猶以醒醉解憂也。故世亦莫之貴。

問者曰。意根有我愛。易知也。何故復有我慢。應之曰。當其有阿羅耶識。即有意根矣。故曰東蘆。意根者。生之所以然。有生不能無方分。方分者不交相涉。以此方分格彼方分。此我慢所以成。非獨生物也。蓬顆野馬。常自以己之方分。距異物使不前。一玉屑一芥子而不相受。假令無我慢者。則是無厚。無生者不自立。有生者無以爲生。故我慢與我愛交相倚也。若寶劍之有文鐃矣。如浮脂不可脫。如連珠不可掇。以爲一邪。抗下異節。以爲二邪。其榮滿側。及其用之。我慢足與他人競。我愛足與他人和。其趣則異。是何也。自執有我。從是以執他人有我。慢之性使諸我相距。愛之性使諸我相調。調與距雖異。其趣則然。昔者項王意烏叱咤。千人俱廢。然見人慈愛嫗嫗。人有疾痛。爲之涕泣和藥。今有大俠遇盜于塗。角力者殺之。乞命者即矜而活之。師子至暴也。一鹿之肉。給其日食有餘。然獨憙殺象者。以其力之多。見人蒲伏其前。則經過不搏。麒麟爲仁矣。不殺蟲蛾。遇師子即引足踶跂。令辟易數十丈死。是故愛慢異流而同其柢。然而愛不足以勝慢矣。惟慢勝慢。故上禮不以爲情貌。以自攻拔其身。此與孫卿矯飾之說不同。極我慢以治我慢。非由矯也。亦與康德所謂絕對之命令不同。彼謂知善故施此命令。此謂由我慢之念而極之。猶壯士求自舉其身。夫以我勝我。猶有我慢之見也。彼大士者。見我之相勝。以知我之本無。若本有我。則我不爲二。我不爲二。則無以我勝我之理。益爲上禮。使慢與慢相盡。則審惡足以解。浮屠喻之以夢渡河。謂如夢中見有大河。橫距行徑。即奮躍求越過。正奮躍時。其夢即寤。實無有河。亦無有奮躍事。然非奮躍。則夢亦不能寤。然則孟子孫卿言性也。而冣上者言無我性。親證其無我性。即審善審惡猶幻化。而況其僞乎。

辨性下　國故論衡下　章氏學

孔子曰。生而知之者上也。惟上智與下愚不移。此亦計阿羅耶中受熏之種也。熏之者意識。其本即在意根。人心者如大海。兩白虹嬰之。我見我癡是也。兩白蛟嬰之。我愛我慢是也。彼四德者。悉依隱意根。由我見人有好眞之性。亦以我愛爲增上緣。惟我見則無情好。眞略分五。一曰實。二曰如。三曰成。四曰常。五曰明了。主觀之念。適當客觀。客觀之境。適當主觀。謂之如。好奇好巧。皆好如也。懷舊之念。由好如及好適中好同和合所成。憙舊想復現者。由好如好明了和合而成。由我愛人有好適之性。適分爲四。一曰生。二曰安。安復分八。一亭隱。二飽。三潤。四煖。五清涼。六動。七逸。八通利。好速之念。由好動好通利孶乳。三曰美。美復分七。一淨。二麗。三韻。四旨。五芳。六柔。七法處所攝美。四曰同。此即合羣之念所起。好善之念。亦由此孶乳。由我慢人有好勝之性。好名之念。由好勝及好適中法處所攝美和合所成。如上三事。攝人生所好盡。昔希臘學者。分眞善美三事。爲人情所同好。此實短拙。故今分別如此。其詳別見。此諸位者或互爲助伴。亦互相折伏。由此人情好尙。種種不定。責善惡者于愛慢。責智愚者于見癡。我見者與我癡俱生。何謂我癡。根本無明則是。以無明不自識如來藏。執阿羅耶以爲我。執此謂之見。不識彼謂之癡。二者一根。若修廣同體而異其相。意識用之。由見即爲智。由癡即爲愚。智與愚者。非晝夜之校。而巨燭熅火之校。癡與見不相離。故愚與智亦不相離。上智無癡。必無我見也。非生而具之。

下愚者。世所無有。諸有生者。未有冥頑如瓦礫者矣。浮屠言一闡提者。亦謂其性冣惡。非謂其性冣愚。嘗試以都冣計之。世方謂文教之國其人智。蝡生之𡿨其人愚。彼則習也。非性。就計所習。文教國固多智。以其智起愚。又愚於蝡生之人。何者。世之恆言。知相知名者爲智。獨知相者謂之愚。蝡生之人。五識于五塵猶是也。以不具名。故意識鮮通於法。然諸有文教者。則執名以起愚。彼蝡生者猶捨是。一曰徵神教。蝡生者事牛虺耿黽。以虺易爲靈蛇。而文教者或事上帝。由慢計之。事上帝則優。事牛虺耿黽則劣。自見計之。上帝不可驗。而牛虺耿黽可驗。其言有神靈。皆過也。一事可驗。一事不可驗。則蝡生者猶少智。何以明之。今有二人。一謂牛角能言。一謂馬角能言。其過則等。牛角雖不能言。固有牛角。其過一。馬角者。非直不能言。又無馬角。其過二。故以馬角爲能言者。視以牛角爲能言者。其愚以倍。二曰徵學術。蝡生者之察萬物。得其相。無由得其體。雖得之。不橫以無體爲體。有文教者得其體矣。太上有唯識論。其次有唯物論。識者以自證而知。物者以觸受而知。皆有現量。故可就成也。凡非自證及直覺感覺所得者。皆是意識織妄所成。故不能眞知唯識者。寧持唯物。唯物亦有高下二種。高者如吼模但許感覺所得。不許論其因果。此即唯識家之現量也。其次雖許因果。尙少纖妄而世人不了唯識。有謂任意妄稱。雖無亦可謂之有者。近日本有妄人覓克彥以此成其法理之學。直紕貤繆。不知其將何底也。計唯物者。雖不知圓成實性。猶據依他起性。冣下有唯理論師。以無體之名爲實。獨據徧計所執性。以爲固然。無體之名。浮屠謂之不相應行。非心非物。故曰不相應行。成唯識有不相應行二十四種。康德所說十二範疇。亦皆不相應行也。意識用之以貫萬物。猶依空以置器。而空不實有。海羯爾以有無成爲萬物本。笛佉爾以數名爲實體。此皆無體之名。莊周曰。名者實之賓。消搖游。尹文曰。有形者必有名。有名者未必有形。大道上。今以有名無形者爲實。此蝡生者所不執也。浮屠言眞如者。成唯識論云。眞如即是唯識實性。以識之實性不可言狀。故强名之曰如。若執識外別有眞如者。即與計有無爲實物者同過。又此土學者。或立道。或立太極。或立天理。要之非指物即指心。或爲綜計心物之代語。故亦無害。若謂心物外別有道及太極天理者。即是妄說。三曰徵法論蝡生者。獨以酋長爲神。國皆酋長產也。雖粗有文教者。猶以君爲國家。文教益盛。謂君長人民土地皆非國。而國有其本體。由愛計之。獨主君則民病。以國爲主而民少紓。夫論物者。宜棄捐善惡利害之見。和精端容。實事以效是。然則病民與否。非其所宜計也。由見計之。君猶實有。而國家非實有。即鉤校其誠者。國固無繫君。顧一國人之總業耳。凡事有總業者。有別業者。別業者。以一人之力就之。農耕稗販是也。總業者。集數人之力就之。家乎市乎鄉曲乎。取大則爲國。是故農賈非實有也。實之謂人業之謂農賈。（不了此義。故名家有殺盜非殺人之說。是以業爲實也）家市鄉曲亦然。有土有器有法。土者人所依。器與法者人所制。故主之者曰人。今曰國家有自體。非君長人民土地。若則曰市非錢布化居人民廛舍也。而自有市之體。其可乎。（近世法家妄立財團法人社團法人之名。此皆妄爲增語。雖然。名之曰法人。固本非實人也。此與果實名人何以異。）家市鄉曲之與國。或以字養。或以貿遷。或以保任。或以布政用師。其業不同。校其實即同。所以殊名者。以業起。不以實起。不辨實業之分。以業爲體。猶舍心與形軀而言人有熒魂。或曰。國者有作用。故謂之有。是不然。以君長假國爲號。然後作。非國自能作。若巫師假鬼以爲號。然後有祠堂禁禳。而巫師亦得糈。彼鬼者能自作乎。以國家有作用。而鬼亦有作用。因是以國家爲實。有是鬼亦實有耶。或曰。凡人默自證知我爲是國人也。以自證故。謂國有。是不然。知爲是國人者。非自證也。人自證有識者。不待告教。自知爲是國人者。待告教然後辨。以其習聞之。

遂有勝解。（勝解謂決定不可轉移之念。）而想滑易。則若自證。譬若人之有姓者。亦默自知之也。然不告教則不知。以國爲實有者。彼姓亦實有耶。此又蝡生者所不執也。四曰徵位號。蝡生者無君臣吏民之號。有之亦亡重輕。有文教者。其位號滋多。今人言名者。或以名有虛實異。聲譽之謂虛。名官位之謂實名。夫名則盡虛也。顧以爲有實者。得官位足以飽煖。且役使人。得聲譽不足以飽煖役使人。此其業之異矣。于實則奚異。名且言實。則是以影爲形也。今之法家。皆曰君位實有也。某甲南面者。則表章之。即如是。弑某甲則不爲大逆。與殺凡民均。是何也。則不能弑其君位也。然法律又異等。言法之理。與定法之條相反。豈不誖哉。且位者萬物盡有之。亡獨人君。以位爲實。即以肥羜食客。是充犧位也。犧位實有。而羜表彰之。不知客所欲啖者。其羜耶。妄其欲啖犧位耶。從是以觀。以甲饗乙。甲非主。乙非客。主位客位皆實有。而甲乙表彰之。凡夫嬬奴主皆準是。從是以推。無生諸行。水之在壑。則渠位實有。而淸水濁水表彰之。火之在竈。則爨位實有。而桑柘之火。棗杏之火表彰之。然則名實交紐。爲戲諕之論矣。此又蝡生者所不執也。五曰徵禮俗。蝡生者祭則就墓。無主祏之儀。覲則謁君。無畫像之容。戰則相識。無徽識之辨。皆就其體。頗有文教。立之主。設之像矣。又有旌旗矣。主像者所以繫心。不以君親竟在是也。旌旗者所以分部曲。不以軍府竟在是也。其轉執者。或置其君之畫像於橫舍。莫夜火發。其師既跣足出。返復翼奉其君之像。若救其君之身者。竟以燔死。有兩國相爭者。狀貌素異。雖拔其旗。弗能假以掩襲。然同伍死則不相救。軍旗失則踐積屍冒彈丸以救之。若救其軍府。此又蝡生者所不執也。六曰徵書契。蝡生者或無文字。有之曰足以記姓名簿籍而已。有文教者。以文字足以識語言。故曰名者聖人之符。（群書治要引申子。）其轉執者。或諱其君親之名。或刻楮印布以爲金幣。夫以名爲君親之實。則是書君親之名裂之。即支解君親也。刻符可以爲幣。則是斷幷閭以爲輪。揭巴蕉以爲旗。杖白茅以爲劍。亦可以爲軍實也。今是擲五木者。有盧有雉。盧不可奬以執留。雉不可烹以實鼎。即有用之者。人且以爲大戇。今獨以諱君親用紙幣爲恆事。則何也。夫國有成俗。語言不可移。故文字不可移。然而文字不以爲實。以文爲實。此又蜈生者所不執也。由是言之。見與癡固相依。其見愈長。故其癡亦愈長。而自以爲智者。誠終身不靈哉。問者曰。人若無見。即如灰土矣。今見愈長而癡從以長。是終無正見之期也。應之曰。人之見自我見始。以見我故謂生物皆有我。亦謂無生者有我。（我即自體。）由是求眞。故問學思慮應之起。其以爲有我者。斥其實。不斥其德業。故有一石焉。捫之即得堅。視之即得白。堅與白其德也。而終不曰堅白。必與之石之名者。其念局于有實也。故諸有相可取者。取相不足。必務求其體。從是有學術。而其智日益馳騁。從是不知止。又不知返。其愚亦益馳騁。何者。名起于想。所想有貞僞。以想如自證觸受之量爲貞。以想不如自證觸受之量爲僞。名之如量者。有若堅白。其不如量者。有若石。又遠曰此石彼石。又遠曰石聚。又遠則從其聚以爲之號。明和合之爲僞。假以通利慮憲。即無害。（所以必假僞名以助思慮者。以既在迷中不由故道。則不得返。）嘗聞聲論師波膩尼之言矣。諸名言自體爲什匏吒。स्फोट什匏吒應于青爲青。應于赤爲赤。應于然爲然。應于否爲否。彼特以自心相分爲主。而不執所呼者有體。斯可也。然則名言之部。分實德業使不相越。以實德業爲衆同分。衆同分者。謂人所同然。實德業三。凡人思慧皆能別之。故曰衆同分。約定俗成。故不可陵亂。假以實德業論萬物。而實不可爲德業。德業亦不可爲實。譬如建旗。假設朱雀螣蛇北斗招搖之象。而不可以相貿。知其假設而隨順之。爲正見。不知其假設而堅持之。謂之倒見。誠斯析之。以至無倫。堅白可成。石猶不可成。何者。實不自表。待名以爲表。德者無假于名。故視之而得白。拊之而得堅。雖瘖者猶得其相。至于石非名不起也。執有體故有石之名。且假以省繁辭。是何故。以有堅白者不唯石。如是堅。如是白。其分齊不與佗堅白等。道其分齊。則百言不可盡。故命以石之名者。亦以止辭費。知之。雖言石。固無害。不知者執以爲體。自心以外。萬物固無眞。騖以求眞。必與其癡相應。故求眞亦彌以獲妄。雖然。唯物之論。于世俗最無妄矣。執增語以爲實。而妄益踊。是故老聃有言曰。始制有名。名之既有。夫亦將知止。

庚戌年五月朔日出版
（定價日幣七十錢）
版權所有者　國學講習會
印刷所　秀光舍

章氏批注圖

徐岳數術記遺曰：了知算，首惟隸五，腹背兩兼。甄鸞注曰：大算之法，一位為一，了字其了有三曲，此筆算之可驗者。然按梵文一字，形正作了，與小篆了字近。固是徐岳所記正本梵僧，岳漢末人，其記中有刹那大千等語，則知其嘗受梵書也。

007

世說文學篇：阮籍為鄭沖勸進晉文王，時人以為神筆。和潘岳取樂廣之旨為作讓河南尹表。

075

劉劭人物志曰：能屬文著述，是謂文章，司馬遷班固是也。流業篇

076

古之道士有言曰將欲無陵固守一德此言神無雜形則氣多內充而忘飢寒也

此雖似今方士語然[illegible]道士本有道者之道不凌曙引新

（庠分子旂曰謂而得仕道士不屑也諺之是亦非神仙家載王莽時人有道士西門君惠劉）

數術之士固非道家亦非神仙家雖神仙家亦間有

089A

稱道士者郊祀志注引漢宮閣疏神明臺置九天道士百人。曰是也。其或稱道家郊祀志注晉灼注曰道家言以丹沙令變化可鑄作黃金是也此蓋依託佛同其實而異

後周釋道安二教論曰夫帝王功成作樂治定制禮此皆蓋皇業之盛事也若有仁無不猶虧弘闡有才無位焉然全闕昔周公攝政三載乃制六官孔老何人得為教主又云今之道士始自張陵乃是鬼道不關老子老子大賢絕棄貴尚又是朝臣服色卑異自

089B

李充翰林論曰研求名理而論難生焉論貴於允理不求支離。御覽五百

123

詩往志也書往詰也春秋往事也慎子語見意林引

094

注

後漢書徐防傳：發明章句，始於子夏。案喪服傳為子夏作，有章句之倫……

徐防所云，亦今文家傅會耳。若詩之幾章幾句，此蓋太師瞽矇所錄，且別於節奏短長，非徐防所謂章句也。若夫離經辨志，學者所同，而漢史累錄賢儒多云不為章句；然則西京所謂章句者，猶晚世之講疏耳。

106

重曰：論辯所宗，實在諸子，要以名家為極。然辭亦信有豔者。阮元之倫，見文選序有云沈思翰藻者，排擯諸子以為非文。今尋沈思翰藻之語，本起陸機。深則言沈，高故稱翰，在心為思，抒之為藻。此則并包七略，凡屬文籍書者皆有其事。昭明以此簡別史篇，汗漫。按其用語，亦為選文陳例。而意異于陸君：作史者或摩轉相襲，則非沈思；諸說者或有抵牾事立誅，則非翰藻。簡異二家，故有斯序。然于諸子竟無隔異。若以冥想研幾為沈思者，九流百技，防奏于前，何因被汰？若以績飾粉澤為翰藻者，諸子之言美辭多矣。桓子新論曰：呂氏淮南，其事約豔。文選若臨淄侯箋注引。昭明雖有偏見，亦應恆觀君山之言。今者不取諸子，因由上鑑勢子虞，無從舊法，不以翰藻相格也。阮元闇滯，妄相窺擬。葛洪有云：陝見之徒，或忽詩賦瑣碎之文，而忽子論深美之言，同廣樂于桑間，均龍章于素質。抱朴子百家篇 其阮元之謂矣。魏晉六代，持論善者，未有不本名家，而前者言文有異。後世王弼易注、裴頠崇有，此皆極深研幾之言，非有雕蔚瑩飾也。然摯虞論王易，則曰辭溢目。魏志鍾會傳注引 陸機稱崇有貴無二論，則曰文辭精富。魏志裴潛傳注引陸機惠帝起居注 蓋苟以五色相宣於其旨事而已。陸擇所陳，昭明蓋猶未逮，豈況阮元之論，鑿官思福者哉。元作儷語，佳者不踰十首，其飾單辭，可謂蕪穢不調，淵出才苞劉大概。下而世以為文學之宗，何其爽歟。

乃至日說精敏，未若竹帛。若夫通與王羲之論莊子消搖游，作數千言，又在王濛家論漁父篇，通作七百許語，當時皆謂才藻新奇，花爛映發。或云欽致精豔，才藻奇拔。見世說文學篇 誰謂玄言乃非麗藻

130

馬融有圍棊樗蒱諸賦。蔡邕賦箏。邊韶賦塞。邯鄲淳賦投壺。成公綏賦琵琶。類聚引（琵琶藝文）分

政要論曰。贊象之所作，蓋詩頌之末流。群書治要引政要論贊象篇

李廣傳曰。李蔡盜取陽陵神道外壖地一畝葬其中。

（史記正義者壖垣。黃圖說陽陵闕門西出，神道四通。茂陵神道廣四十三丈。）

霍光傳曰。太夫人顯改光時所自造塋制而侈大之。起三出闕，築神道，北臨昭靈，南出承恩。

故桓範議之曰。勢重者稱美。財富者文麗。欺爍當時。疑誤後世。罪莫大焉。群書治要引政要論銘誄篇

觀蔡邕為陳寔、郭林宗碑，孔融為張儉碑，棗希聲為嵇紹碑，既簡約矣。其後孫楚為羊祜碑，孫綽為王導碑，袁宏為桓溫碑，傅亮為劉穆之碑。此人皆身至三府將相，功參樞鼎，而紀功雖侈，多者不過四百言，少或二百餘字，當官瑣事，曾不及焉。

名世之士，作則于前，民則從隨其後，亦不踰域。故魯有孔子、盜跖，及漢世魯人好學，瘠于佗俗。今北方藝文雖少衰，山東獨有孔廣森、桂馥、郝懿行，有起為小學宗。自孔子而呂母、黃巢、郭子興之倫，亦萌芽其間，至今善為技擊鈔盜，自盜跖也。文王之化，變朔風而尚二南，其地在江沱、潛漢間。及叔世，屈原、宋玉起於楚，司馬相如、揚雄在蜀，唐有陳子昂、李白、杜甫之倫，辭賦風誦為天下望。故曰師摯見之矣，非山川陵谷之氣所能為也。

後周釋道安《二教論》曰：「包論七典，統括九流，咸為治國之謨，並是修身之術。若派而別之，則應有九教；若總而合之，則同屬儒宗。論其官也，各王朝之一職；談其籍也，並皇家之一書。」斯論部居，達名為準。

注

群書治要所引河上本作「法物滋彰」，注曰：「法，好也。珍好之物滋生彰著，則農事廢，飢寒並至，故盜賊多有。」然《史記·酷吏列傳》引老子已作「法令」。河上公注乃偽書，劉子玄已明之。

袁子曰：前識與言而不中，亮之所不用也。蜀志諸葛亮傳注引

注

其作兵器以良，將之為政也。使人擇之，不自宰；使法量功，不自度。故能者不可蔽，不能者不可飾，妄譽者不能也。御覽二百七十三引 然則衆之劉用為，亦自知其失矣。

167

王坦之非時俗放蕩不敦儒教，頗尚刑名學，著廢莊論曰：魯酒薄而邯鄲圍，莊生作而風俗頹，禮與浮雲俱征，偽與利蕩並肆，人以克己為恥，士以無措為通，驟語賞罰不可以造次，屢稱無為不可以適變。若夫群方所資，莫知誰氏，在儒而非儒，在道而非道，彌貫九流，玄同彼我，萬物用之而不既，亹亹日新而不朽，昔吾孔老固已言之矣。此雖不識莊生之意，猶知老氏之為刑名也。

168

何謂齊物？曰：物無非彼，物無非是。彼是莫得其耦，謂之道樞。樞始得其環中，以應無窮。浮屠謂之法無我，非彼無我，非我無所取，是亦近矣。而不知其所為使。若有真宰，而特不得其朕。百骸九竅六藏賅而存，與物相刃相靡。其行盡如馳，而莫之能止。浮屠謂之補特伽羅無我。莊周言是，因以上游冥極，而下連狹無儒，足以經國。故曰：道未始有封，言未始有常，為是而有畛也。有畛，即有差別；未始有封，即無差別。差別起于無差別，故萬物一如也。卒之春秋經世先王之志，下視韓非，而莊周深遠矣。

175

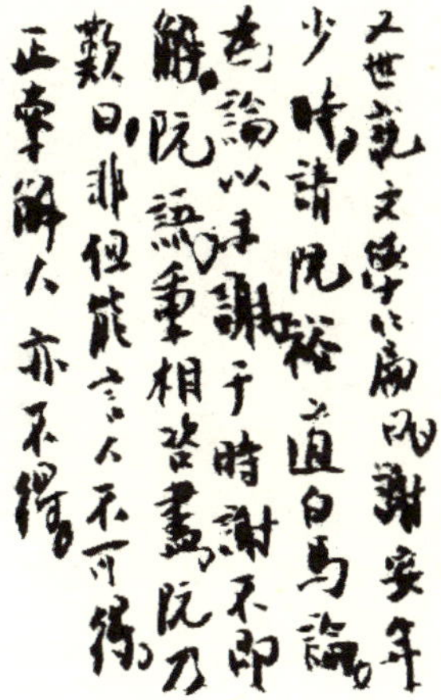
又世說文學篇門謝安年少時，請阮裕道白馬論。為論以示謝。于時謝不即解。阮語重相咨盡。阮乃歎曰：非但能言人不可得，正索解人亦不得。

179A

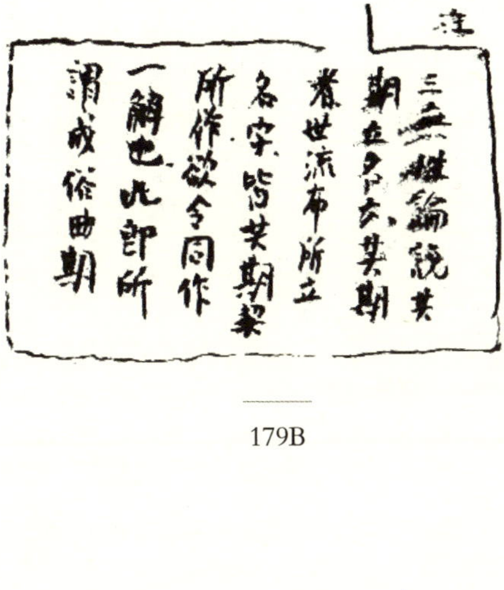
注
三無性論說共期立名爲共期。當世流布所立名字，皆共期所作，欲令同作一解也。此即所謂成俗曲期

179B

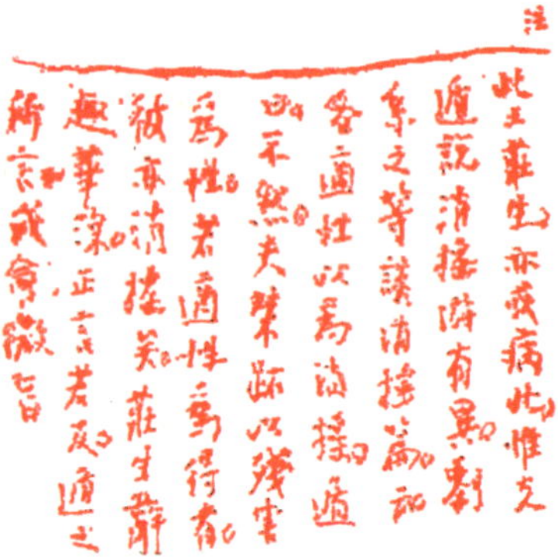
注
此王莊生亦或病此惟支遁說消搖有異郭向之等謂消搖篇
一生適性以爲消搖遁曰不然夫桀跖以殘害爲性若適性爲得者彼亦消搖矣
莊生辭趣華深正言若反遁之所言或會微旨

209

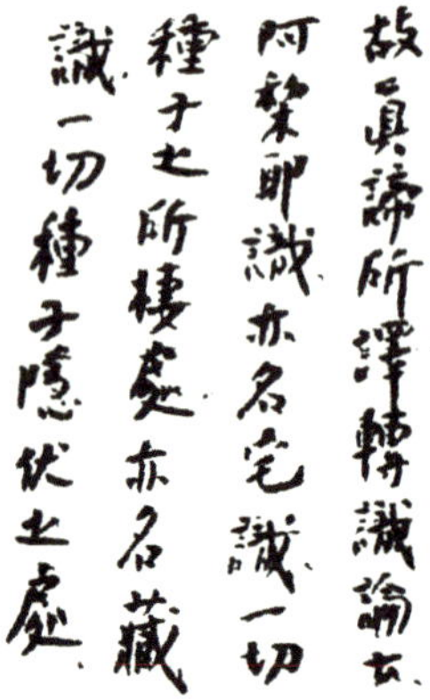
故真諦所譯轉識論云、
阿梨耶識亦名宅識、一切
種子之所棲處、亦名藏
識、一切種子隱伏之處、

190

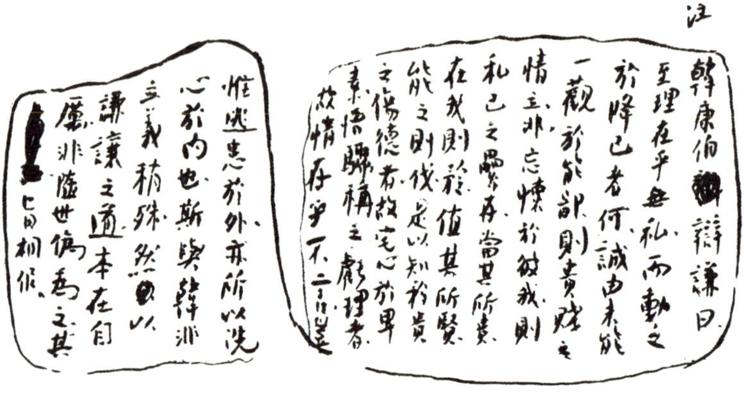
注
韓康伯辯謙曰
至理在乎無私、而動之
於降己者何、誠由未能
一觀、於能鄙、則貴賤之
情立、非忘懷於彼我、則
私己之累存、當其所貴
在我、則矜值其所賢
能之則伐、是以知矜貴
之傷德者、故宅心於卑
素、惜驕矜之虧理者、
故情存乎不二、
惟退患於外、亦所以洗
心於內也、斯與韓非
立義精殊、然皆以
謙讓之道本在自
處、非徇世僞爲之、其
七日桐侶、

210